Janne Graf • Birgit Gack

Strick-Hits

Tolle Socken, Schals und Mützen selber machen

OZ creativ

Woll-Lust all-over!

Wohlfühl-Feeling vom Kopf bis zu den Zehenspitzen – mit Mütze, Schal, Handschuhen, Socken und Co aus diesem Buch ist dies keine Frage. Die angenehm weichen, passgenauen und selbstgestrickten Accessoires bieten nicht nur hohen Tragekomfort, sondern sind gleichzeitig modische Hingucker. Die pflegeleichten Garne von pastellig zart bis leuchtend bunt tragen ein Übriges dazu bei. Und darüber hinaus haben wir uns ausdrucksstarke Muster, fantasievolle Designs, wunderschöne Bildmotive und die interessantesten Farbkombinationen einfallen lassen. Dieses überwältigende Spektrum finden Sie in der großen Modellauswahl für Baby und Kind sowie für Sie und Ihn wieder.

Alles ist mit unseren maschengenauen Anleitungen ganz einfach nachzustricken. Auch Strickanfänger brauchen keine Angst vor Ferse, Spitze & Co zu haben, denn unsere Service-Lehrgänge, zum Beispiel zum Handschuh- und Sockenstricken, erklären leicht verständlich und Schritt für Schritt in Wort und Bild wie es funktioniert. Ein Sonderteil zu Werkzeugen, Pflegesymbolen und vielem mehr liefert weitere wertvolle Informationen für den Nadelspaß.

Als zusätzliche Orientierungshilfe geben wir bei jedem Modell den Schwierigkeitsgrad an:

- * *anfängerleicht*
- ** *ein wenig Übung erforderlich*
- *** *etwas Erfahrung und Geschick notwendig*

Verantwortlich für Text und Konzept: Janne Graf

Nimmt's mit den Anleitungen ganz genau: Birgit Gack

Und sollte einmal die beschriebene Sockengröße nicht passen, kein Problem: Mit der Größentabelle für Socken und den Tipps lässt sich (fast) jedes Modell auf ihre Wunschgröße umrechnen.

Lassen Sie sich von der Fülle der Anregungen inspirieren und wählen Sie Ihre ganz persönlichen Lieblingsstücke zum Wohlfühlen und Gernhaben aus. Und nicht nur Sie selbst werden die „guten Stücke" nicht mehr aus den Händen geben, auch Ihre ganze Familie wird die selbstgestrickten Kostbarkeiten nicht mehr entbehren mögen.

Jetzt aber schnell ran an Nadeln und Garn und bald sind die ersten modischen Begleiter gezaubert.
Viele Spaß dabei wünschen

Janne Graf & Birgit Gack

Inhaltsverzeichnis

Das Garn, aus dem die Strickträume sind

Selbstgestrickte Socken werden nicht nur wegen ihrer guten Passform und den individuellen, kreativen Mustern, Farben und Dessins so hoch geschätzt. Sie tragen sich auch einfach besonders angenehm und das liegt am speziellen Garn.

Hochwertige Sockenwolle ist schön warm, weich und soft auf der Haut, dabei aber überaus strapazierfähig. Sie wirkt antistatisch und klimatisierend, hält die Form, ist robust und einfach in der Maschine zu waschen.

Das Geheimnis: Schurwolle plus Polyamid, und das in der richtigen Mischung! Dabei ist das Naturprodukt Schurwolle für Wärme, Weichheit und Wellness zuständig, die High-Tech-Faser Polyamid sorgt für Stärke und Stabilität. Als Sommervariante kommt dann Cotton ins Spiel, hier wird Baumwolle mit verarbeitet und gibt den kühlen Griff und die sommerliche Leichtigkeit.

Wird dann noch auf optimale Ausspinnung und Zwirnung sowie sorgfältige Färbung geachtet, ist die Woll-Lust perfekt! Ein hochwertiges Produkt, das Komfort und Belastbarkeit optimal verbindet. In diesem Buch haben wir alle Socken aus „Meilenweit" von Lana Grossa gestrickt.

Doch Sockengarne überzeugen nicht nur durch ihre Qualität. Wunderschöne Farben und Nuancen machen genauso Lust aufs Stricken wie tolle Effekte. Da gibt es zwei- und mehrfarbige Moulinés und lebhafte Tweedgarne. Oder bedruckte Fäden, die fantasievolle Dessins, Streifen, Jacquardoptik und sogar wiederkehrende Musterfolgen ganz von selbst beim Stricken entstehen lassen.

Tolle Effekte der unterschiedlichsten Art bringen auch die Garne mit, die wir für die Accessoires eingesetzt haben. Auch hier sind wir beim breit gefächerten Sortiment von Lana Grossa geblieben und haben die allerschönsten Qualitäten ausgesucht. Superweich und federleicht, schimmernd oder mit Glanzeffekt, voluminös oder anschmiegsam, abwechslungsreich strukturiert, uni oder mehrfarbig – lassen Sie sich von der Vielfalt überraschen!

Alle Garne sind dabei hautsympathisch und angenehm zu tragen. Denn auch hier sorgen innovative Mikrofasern, solo oder in Kombination mit klassischen Wollen, für die besten Eigenschaften. Kratzen, Pillen, Fusseln, Ausleiern – all das gehört damit der Vergangenheit an. Neu sind eine nie gekannte Weichheit und Leichtigkeit und die unkomplizierten Pflegeeigenschaften.

Die Maschenprobe

Wichtig bei der Auswahl des Garnes sind die Lauflänge und vor allem die Maschenprobe, die wir bei jeder Strickanleitung angeben. Mit gleicher oder zumindest ähnlicher Lauflänge erreichen Sie am einfachsten die in der jeweiligen Anleitung vorgegebene Maschenprobe. Dafür stricken Sie ein mindestens 10 x 10 cm großes Stück glatt rechts und zählen dann nach: Wie viele Maschen in der Breite und wie viele Reihen in der Höhe ergeben 10 cm? Hat Ihre Probe weniger Maschen als in der Maschenprobe angegeben, müssen Sie entweder fester stricken oder 1/2 bis 1 Stärke dünnere Nadeln nehmen. Haben Sie mehr Maschen und Reihen auf 10 cm, heißt es lockerer stricken oder dickere Nadeln verwenden.

Abkürzungsverzeichnis

Die folgenden Abkürzungen verwenden wir in den Anleitungen:

arb = arbeiten	m = Meter
cm = Zentimeter	M = Masche/n
Fb = Farbe	Nr. = Nummer
g = Gramm	R = Reihe/n
Lftm = Luftmasche/n	Rd = Runde/n
li = links/linke	re = rechts/rechte
LL = Lauflänge	wdh = wiederholen

Ab * wdh heißt, eine größere Maschengruppe (Rapport) so oft wiederholen wie angegeben.

GRÜN
BLAU
NATUR

Irische Muster in Camel

Noppenmustersocken in Camel

Schwierigkeit:* **
***Größe:* 36/37**

Materialbedarf:
„Meilenweit Tweed" von Lana Grossa (80 % Schurwolle, 20 % Polyamid, LL = 210 m/50 g): 100 g Camel 132
Nadel-Spiel Nr. 2,5

Glatt re: Hin-R re M, Rück-R li M; in Rd nur re M
Kraus re: Hin- und Rück-R re M; in Rd abwechselnd je 1 Rd li und re M
Noppe: aus 1 M 5 M herausstricken (= 1 M re, 1 Umschlag im Wechsel), 3 R kraus re stricken, dann die 5 M re verschränkt zusammenstricken
Karo-Noppenmuster:
1.+3. Rd: *3 M re, 3 M li, ab * wdh
2. Rd: *1 M re, 1 Noppe, 1 M re, 3 M li, ab * wdh
4.+6. Rd: *3 M li, 3 M re, ab * wdh
5. Rd: *3 M li, 1 M re, 1 Noppe, 1 M re, ab * wdh
Bundmuster: 5 Rd kraus re, 6 Rd Karo-Noppenmuster und 6 Rd kraus re
Noppen-Zackenmuster: Laut Strickschrift arb. In den geraden Rd alle M und Umschläge re stricken. Die 1.-24. Rd stets wdh.
Streifenmuster: 6 Rd kraus re und 4 Rd glatt re im Wechsel
Maschenprobe, glatt re: 28 M und 40 R = 10 x 10 cm

So wird es gemacht:
Anschlag je 60 M (= 15 M pro Nadel) und das Bundmuster stricken. Dann im Noppen-Zackenmuster weiterarb. Nach 60 Rd ab Bund mit der Ferse beginnen und die Socken laut Lehrgang und Größentabelle auf den Seiten 100-102 weiterarb. Dabei die äußeren je 3 M der Fersenwand kraus re stricken. Nach der Ferse die M der 2. und 3. Nadel im Streifenmuster, die M der 1. und 4. Nadel glatt re arb. Nach 19,5 cm Fußlänge mit der Bandspitze beginnen, dabei für die Abnahmen jeweils die dritt- und zweitletzte M der 1. und 3. Nadel re verschränkt zusammenstricken sowie die 2. und 3. M der 2. und 4. Nadel re zusammenstricken.

TIPP: Starke Fersen
Die Ferse ist der am stärksten beanspruchte Teil der Socke. Lassen Sie beim Stricken von Fersenwand und Käppchen ein Socken-Beilaufgarn mitlaufen, das macht sie noch robuster. Oder Sie arbeiten eine verstärkte Fersenwand, stricken diese also nicht glatt rechts, sondern in folgendem Muster:
1. Reihe: *Im Wechsel 1 Masche rechts, 1 Masche rechts abheben und dabei den Faden hinter der Masche mitführen.*
Wie bei der glatt rechten Fersenwand können Sie auch hier die beiden äußeren Maschen kraus rechts stricken.
2. Reihe: *Linke Maschen stricken.*
3. Reihe: *Wie die 1. Reihe arbeiten, jedoch um 1 Masche versetzt. Sie beginnen also mit einer abgehobenen Masche.*
4. Reihe: *Linke Maschen stricken. Die 1.- 4. Reihe stets wiederholen, bis die erforderliche Fersenwandhöhe erreicht ist.*

ACHTUNG: Das Muster zieht sich in der Höhe etwas zusammen. Es müssen daher einige Reihen mehr gestrickt werden als in der Größentabelle angegeben.

Noppen-Zackenmuster
Strickschrift

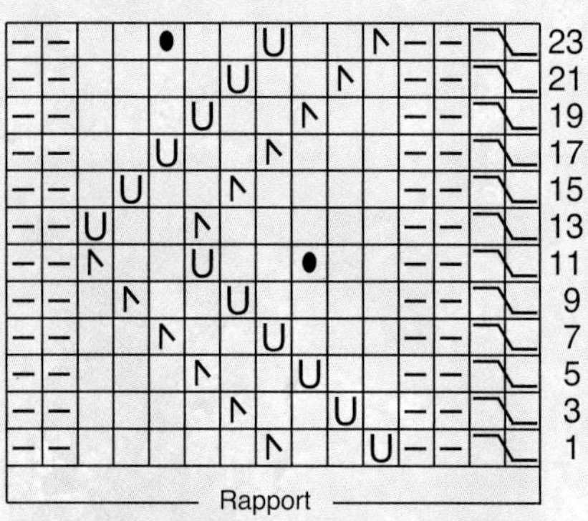

Zeichenerklärung:

- = 1 M re
- = 1 M li
- = 1 Umschlag
- = 1 Noppe
- = 1 einfacher Überzug: 1 M re abheben, 1 M re stricken, dann die abgehobene M überziehen
- = die 2. M hinter der 1. M re, dann die 1. M re stricken

Trend zum Quadrat: Modische Karomuster

Hellblaue Karosocken

***Schwierigkeit:* ∗**
Größe: 38/39

Materialbedarf:
„Meilenweit" von Lana Grossa
(80 % Schurwolle, 20 % Polyamid,
LL = 210 m/50 g): je 50 g Hellblau 1314,
Hellgrau 1102, Grau 1104 und Blau 1309
Nadel-Spiel Nr. 2,5 und 3

Rippenmuster mit Nadel Nr. 2,5:
1 M re, 1 M li im Wechsel
Die folgenden Muster mit Nadel Nr. 3 stricken!
Glatt re: Hin-R re M, Rück-R li M;
in Rd nur re M
Kraus re: Hin- und Rück-R re M
Streifenfolge: je 13 Rd Hellblau, Grau, Hellblau, Grau, *je 10 Rd Hellblau und Hellgrau, ab * stets wdh
Maschenprobe, glatt re: 28 M und 40 R = 10 x 10 cm

So wird es gemacht:
Anschlag je 60 M in Hellblau (= 15 M pro Nadel) und 3 cm Rippenmuster stricken, dann glatt re laut Streifenfolge weiterarb. Nach 52 Rd ab Bund mit der Ferse in Hellblau beginnen und die Socken laut Lehrgang und Größentabelle auf den Seiten 100-102 weiterarb. Dabei die äußeren je 2 M der Fersenwand kraus re stricken.

Nach der Ferse die Streifenfolge fortsetzen und nach 20,5 cm Fußlänge mit der Bandspitze in Hellblau beginnen.

Die Karos in Blau im Kettenstich auf sticken: die waagerechten Linien jeweils in die Mitte der Streifen, die 1. senkrechte Linie in der vorderen Mitte, die folgenden im Abstand von je 11 M (siehe Stickschule auf Seite 106/107).

Ferse und Spitze nicht besticken.

Streifen-Karo-Socken

***Schwierigkeit:* ∗**
Größe: 38/39

Materialbedarf:
„Meilenweit" von Lana Grossa
(80 % Schurwolle, 20 % Polyamid,
LL = 210 m/50 g): je 50 g Hellblau 1314,
Blau 1309, Hellgrau 1102 und Grau 1104
Nadel-Spiel Nr. 2,5 und 3

Glatt re: Hin-R re M, Rück-R li M;
in Rd nur re M
Kraus re: Hin- und Rück-R re M
Karomuster:
1.–5. Rd: je 5 M Hellblau und Blau im Wechsel
6.–10. Rd: je 5 M Blau und Hellblau im Wechsel
Die 1.-10. Rd wdh. In Norwegertechnik mit mehreren Knäueln arb, dabei den unbenutzten Faden stets locker auf der Arbeitsrückseite mitführen.
Maschenprobe, glatt re: 28 M und 40 R = 10 x 10 cm

So wird es gemacht:
Anschlag je 60 M in Blau mit Nadel Nr. 2,5 (= 15 M pro Nadel) und 1 Rd li M stricken, dann glatt re 15 Rd im Karomuster arb. Nun mit Nadel Nr. 3 glatt re je 8 Rd Grau, Hellgrau, Hellblau, Blau und weiter in Hellblau stricken.

Nach 14 cm ab Anschlag mit der Ferse in Grau beginnen und die Socken laut Lehrgang und Größentabelle auf den Seiten 100-102 weiterarb. Dabei die äußeren je 2 M der Fersenwand kraus re stricken.

Nach der Ferse glatt re zunächst 15 Rd Hellblau, je 8 Rd Blau, Hellblau, Hellgrau und Grau, 10 Rd Karomuster und 2 Rd Grau, dann in Hellblau enden.

Nach 20,5 cm Fußlänge mit der Bandspitze beginnen.

Socken mit Längsstreifen

***Schwierigkeit:* ∗∗**
Größe: 42/43

Materialbedarf:
„Meilenweit" von Lana Grossa (80 % Schurwolle 20 % Polyamid, LL = 210 m/50 g): je 50 g Grau 1104, Camel 1290, Blau 1309 und Graublau 135
Nadel-Spiel Nr. 2,5 und 3

Rippenmuster mit Nadel Nr. 2,5:
1 M re, 1 M li im Wechsel
Die folgenden Muster mit Nadel Nr. 3 stricken!
Glatt re: Hin-R re M, Rück-R li M;
in Rd nur re M
Kraus re: Hin- und Rück-R re M
Streifenmuster: je 4 M Camel und Blau im Wechsel. In Norwegertechnik mit mehreren Knäueln arb, dabei den unbenutzten Faden stets locker auf der Arbeitsrückseite mitführen.
Maschenprobe, glatt re: 28 M und 40 R = 10 x 10 cm

So wird es gemacht:
Anschlag je 64 M in Grau (= 16 M pro N) und 4 cm Rippenmuster stricken, dann glatt re wie folgt weiterarb: 12 Rd Streifenmuster, 20 Rd Meliert, 12 Rd Streifenmuster, weiter in Meliert.

Nach 16 cm ab Bund mit der Ferse in Grau beginnen und die Socken laut Lehrgang und Größentabelle auf den Seiten 100-102 weiterarb. Dabei die äußeren je 3 M der Fersenwand kraus re stricken.

Nach der Ferse glatt re wie folgt weiterarb: 8 Rd Meliert, je 10 Rd Streifenmuster und Meliert im Wechsel.

Nach 22,5 cm Fußlänge mit der Bandspitze in Grau beginnen.

Ringel und Bordüren im Marinelook

Rote Marinesocken

Schwierigkeit:* *
Größe: 34/35

Materialbedarf:
„Meilenweit" von Lana Grossa
(80 % Schurwolle, 20 % Polyamid,
LL = 210 m/50 g): je 50 g Marine 1141,
Royal 1294 und Weiß 1101
„Meilenweit Tweed" von Lana Grossa
(80 % Schurwolle, 20 % Polyamid,
LL = 210 m/50 g): 50 g Rot 137
Nadel-Spiel Nr. 3

Glatt re: Hin-R re M, Rück-R li M; in Rd nur re M
Kraus re: Hin- und Rück-R re M
Streifenfolge: *je 2 Rd Marine, Rot, Weiß und Royal, ab * wdh
Bundmuster: in Royal 3 cm glatt re, 1 Rd li M für den Bruch, dann glatt re: 2 Rd Royal, 2 Rd 1 M Royal und 2 M Rot im Wechsel, 2 Rd Royal und 8 Rd Streifenfolge
Kachelmuster:
1. und 5. Rd: Marine
2.–4. Rd: *3 M Weiß, 1 M Marine, ab * wdh
6.–8. Rd: *1 M Weiß, 1 M Marine, 2 M Weiß, ab * wdh
Die 1.-8. Rd stets wdh, dabei in Norwegertechnik mit mehreren Knäueln arb und den unbenutzten Faden stets locker auf der Arbeitsrückseite mitführen.
Motiv: Nachträglich im Maschenstich laut Zählmuster aufsticken (siehe Stickschule auf Seite 106/107).
Maschenprobe, glatt re: 28 M und 40 R = 10 x 10 cm

So wird es gemacht:
Anschlag je 57 M in Royal (= 1.-3. Nadel je 14 M, 4. Nadel 15 M) und das Bundmuster stricken. Anschließend auf der 4. Nadel 1 M abnehmen = 56 M (= 14 M pro Nadel) und glatt re 33 Rd Kachelmuster sowie 8 Rd Streifenfolge in umgekehrter Reihenfolge arb, dann in Rot weiterstricken. Nun mit der Ferse beginnen und die Socken laut Lehrgang und Größentabelle auf den Seiten 100-102 weiterarb, dabei die äußeren je 3 M der Fersenwand kraus re stricken. Nach 16,5 cm Fußlänge 8 Rd Streifenfolge in umgekehrter Reihenfolge arb, dann mit der Bandspitze beginnen, dabei zunächst noch einmal 8 Rd Streifenfolge arb und in Rot enden. Den Bundbeleg am Bruch nach innen säumen. Außen am Schaft je 1 Motiv auf das Kachelmuster sticken, dabei auf der 10. Rd ab Bund und mit 2 M Abstand zur vorderen Mitte beginnen.

Marinesocken mit Streifen

Schwierigkeit:* *
Größe: 34/35

Materialbedarf:
„Meilenweit" von Lana Grossa
(80 % Schurwolle, 20 % Polyamid,
LL = 210 m/50 g): je 50 g Marine 1141,
Royal 1294 und Weiß 1101
„Meilenweit Tweed" von Lana Grossa
(80 % Schurwolle, 20 % Polyamid,
LL = 210 m/50 g): 50 g Rot 137
Nadel-Spiel Nr. 3

Rippenmuster: 1 M re, 1 M li im Wechsel
Glatt re: Hin-R re M, Rück-R li M; in Rd nur re M
Kraus re: Hin- und Rück-R re M
Jacquardmuster: Laut Zählmuster in Norwegertechnik mit mehreren Knäueln arb, dabei den unbenutzten Faden stets locker auf der Arbeitsrückseite mitführen.
Streifenfolge: *3 Rd Marine, 2 Rd Weiß, 3 Rd Marine, 2 Rd Royal, 3 Rd Marine und 2 Rd Rot, ab * wdh
Maschenprobe, glatt re: 28 M und 40 R = 10 x 10 cm

So wird es gemacht:
Anschlag je 56 M in Marine (= 14 M pro Nadel) und 2 cm Marine, 1 cm Rot und 2 cm Marine im Rippenmuster stricken. Dann glatt re im Jacquardmuster weiterarb. Nach 41 Rd ab Bund mit der Ferse in Marine beginnen und die Socken laut Lehrgang und Größentabelle auf den Seiten 100-102 weiterarb. Dabei die äußeren je 3 M der Fersenwand kraus re stricken. Nach der Ferse glatt re laut Streifenfolge weiterarb und nach 18,5 cm Fußlänge mit der Bandspitze beginnen, dabei die Streifenfolge nach Belieben fortsetzen.

Zeichenerklärung:
1 Kästchen = 1 M und 1 Rd

- ■ = Marine
- ■ = Royal
- □ = Weiß
- ■ = Rot

Marinesocken mit Streifen
Zählmuster

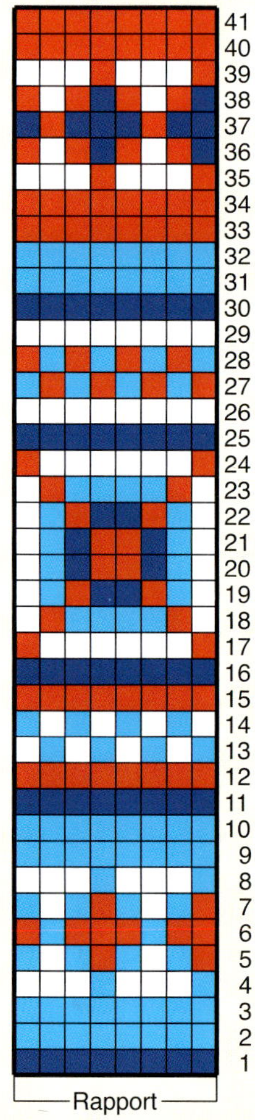

Rote Marinesocken
Zählmuster

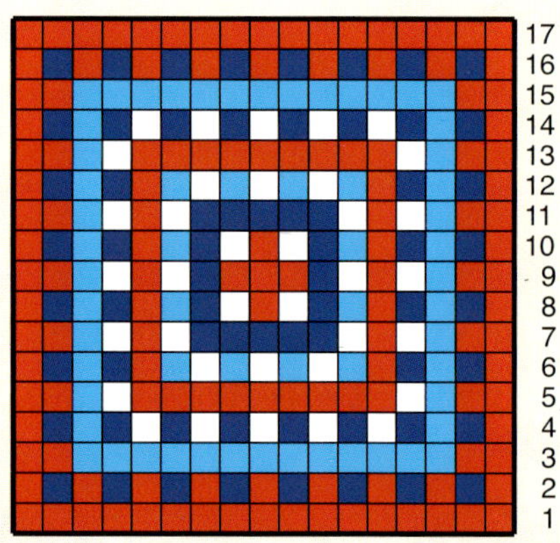

Trendfarbe Rot

Bommelmütze in Rot

Schwierigkeit: ******

Materialbedarf:
„Bingo" von Lana Grossa (100 % Schurwolle, LL = 80 m/50 g): ca. 150 g Rot Fb 44
Je 1 Nadel-Spiel Nr 5,5 und 6 sowie 1 Häkel-Nadel Nr. 4.

Rippenmuster: 1 M re, 1 M li im Wechsel
Halbpatent: 1. Rd: * 1 M re, 1 M li, ab * wdh
2. Rd: * 1 M re, 1 M mit 1 Umschlag li abheben, ab * wdh
3. Rd: * 1 M re, die M mit dem Umschlag li zusammenstricken, ab * wdh
Die 2. und 3. Rd stets wdh.
Zopfmuster 1: Laut Strickschrift 1 stricken. In den Rück-R die M stricken, wie sie erscheinen. Die 1.-10. R 1 x arb, dann die 2.-10. R stets wdh.
Zopfmuster 2: Laut Strickschrift 2 stricken. In den Rück-R die M stricken, wie sie erscheinen. Die 1.-4. R stets wdh.
Maschenproben! Zopfmuster 1 mit Nadel Nr. 6: 20 M und 22 R = 10 x 10 cm; Halbpatent mit Nadel Nr. 5,5: 15 M und 30 R = 10 x 10 cm

So wird es gemacht:
Anschlag 34 M mit Nadel Nr. 6 und in folgender Einteilung stricken: Randmasche, 6 M Zopf (die mittleren 6 M laut Strickschrift 2), 20 M Zopfmuster 1, 6 M Zopf, Randmasche. Nach 52 cm ab Anschlag die M stilllegen. Aus dem Anschlagrand mit einer Hilfs-Nadel 34 M herausstricken, diese parallel zu den stillgelegten M legen und je 1 M beider Nadeln re zusammenstricken. Aus einem Seitenrand 80 M mit Nadel Nr 5,5 auffassen (= 20 M pro N) und im Halbpatent stricken. Nach 16 cm Höhe stets 2 M re zusammenstricken, im Rippenmuster weiterarb und in der folg 2. Rd nochmals stets 2 M re zusammenstricken, dann die restlichen 20 M zusammenziehen.
Nun den unteren Mützenrand mit je 1 Rd feste M und Krebs-M (= feste M von li nach re) umhäkeln, dabei den Rand etwas einhalten. Einen Pompon in gewünschter Größe anfertigen und in die Mützenmitte nähen.

Stulpen mit Zopfmuster

Schwierigkeit: ******

Materialbedarf:
„Bingo" von Lana Grossa (100 % Schurwolle, LL = 80 m/50 g): ca. 250 g Rot Fb 44
Je 1 Nadel-Spiel Nr. 5,5 und 6 sowie 1 Häkel-Nadel Nr. 4.

Rippenmuster: 1 M re, 1 M li im Wechsel
Zopfmuster 1: Laut Strickschrift 1 stricken. In den Rück-R die M stricken, wie sie erscheinen. Die 1.-10. R 1 x arb, dann die 2.-10. R stets wdh.
Zopfmuster 2: Laut Strickschrift 2 stricken. In den Rück-R die M stricken, wie sie erscheinen. Die 1.-4. R stets wdh.
Maschenproben! Zopfmuster 1 mit Nadel Nr. 6: 20 M und 22 R = 10 x 10 cm; Halbpatent mit Nadel Nr. 5,5: 15 M und 30 R = 10 x 10 cm

So wird es gemacht:
Anschlag je 60 M mit Nadel Nr 6 (= 15 M pro Nadel) und 8 cm im Rippenmuster stricken, dabei in der letzten Rd verteilt 8 M zunehmen = 68 M (= 1+3. Nadel je 20 M, 2.+4. Nadel je 14 M). Nun in folgender Einteilung weiterarb: 20 M Zopfmuster 1, 14 M Zopfmuster 2, 20 M Zopfmuster 1 und 14 M Zopfmuster 2. Nach 32 cm Gesamthöhe noch 8 cm im Rippenmuster stricken, dabei in der 1. Rd verteilt wieder 8 M abnehmen.

Zeichenerklärung:

 = 1 M re

 = 1 M li

 = 1 M auf eine Hilfs-Nadel hinter die Arbeit legen, 2 M re, dann die M der Hilfs-Nadel re

 = 2 M auf eine Hilfs-Nadel vor die Arbeit legen, 1 M re, dann die M der Hilfs-Nadel re

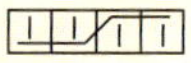 = 2 M auf eine Hilfs-Nadel hinter die Arbeit legen, 2 M re, dann die M der Hilfs-Nadel re

 = 2 M auf eine Hilfs-Nadel vor die Arbeit legen, 2 M re, dann die M der Hilfs-Nadel re

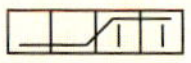 = 2 M auf eine Hilfs-Nadel hinter die Arbeit legen, 2 M re, dann die M der Hilfs-Nadel li

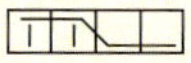 = 2 M auf eine Hilfs-Nadel vor die Arbeit legen, 2 M li, dann die M der Hilfs-Nadel re

Strickschrift 2

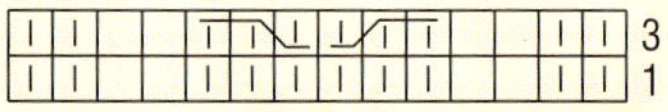

Strickschrift 1

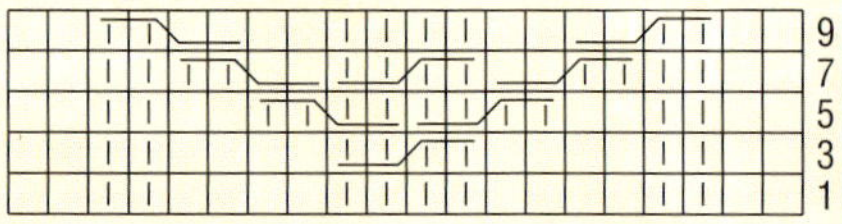

Citychic: Jacquardumschläge in Schwarz-Weiß

Umschlagsocken in Dunkelgrau

Schwierigkeit: **
Größe: 40/41

Materialbedarf:
„Meilenweit" von Lana Grossa (80 % Schurwolle, 20 % Polyamid, LL = 210 m/50 g): 100 g Dunkelgrau meliert 1178, je 50 g Schwarz 1106 und Weiß 1101
Nadel-Spiel Nr. 3

Rippenmuster: 1 M re, 1 M li im Wechsel
Glatt re: Hin-R re M, Rück-R li M; in Rd nur re M
Kraus re: Hin- und Rück-R re M
Reliefmuster:
1. Rd: *2 M li, 2 M re, 1 M li, ab * wdh
2.–4. Rd: *2 M li, 2 M li abheben, Faden liegt dabei hinter den M, 1 M li, ab * wdh
Die 1.-4. Rd stets wdh.
Bordüre: Glatt re laut Zählmuster in Norwegertechnik mit mehreren Knäueln arb, dabei den unbenutzten Faden stets locker auf der Arbeitsrückseite mitführen. In der Breite den Rapport stets wdh, dabei in der 1., 3., 19. und 21. Rd das Muster sinngemäß fortsetzen.
Maschenprobe, glatt re: 28 M und 40 R = 10 x 10 cm

So wird es gemacht:
Anschlag je 60 M in Dunkelgrau meliert (= 15 M pro Nadel) und für den Umschlag wie folgt stricken: in Dunkelgrau meliert 2 cm Rippenmuster und 3 Rd glatt re, 21 Rd Bordüre, in Dunkelgrau meliert 3 Rd glatt re, 1 Rd li M (= Bruch) und 3 Rd glatt re. Anschließend die Arbeit wenden und im Reliefmuster weiterarb. Nach 17 cm ab Umschlag mit der Ferse beginnen und die Socken laut Lehrgang und Größentabelle auf den Seiten 100-102 weiterarb, dabei die äußeren je 2 M der Fersenwand kraus re stricken. Nach der Ferse die 1. M der 4. Nadel auf die 3. Nadel nehmen, dann die M der 2. und 3. Nadel im Reliefmuster, die M der 1. und 4. Nadel glatt re stricken. Die Zwickelabnahmen so oft wdh, bis 61 M vorhanden sind. Nach 22 cm Fußlänge auf der 3. Nadel 1 M abnehmen und mit der Bandspitze beginnen.
Den Umschlag am Bruch nach außen schlagen und das Rippenmuster am Umschlagrand nach innen säumen.

Umschlagsocken in Hellgrau

Schwierigkeit: **
Größe: 38/39

Materialbedarf:
„Meilenweit" von Lana Grossa (80 % Schurwolle, 20 % Polyamid, LL = 210 m/50 g): 100 g Hellgrau meliert 1218, je 50 g Grau 1104, Schwarz 1106 und Weiß 1101
Nadel-Spiel Nr. 3

Rippenmuster: 2 M re, 2 M li im Wechsel
Glatt re: Hin-R re M, Rück-R li M; in Rd nur re M
Kraus re: Hin- und Rück-R re M
Streifenmuster:
1. Rd: *1 M li, 2 M re, 1 M li, 1 M re, ab * wdh
2. Rd: *4 M re, 1 M li, ab * wdh
Die 1. und 2. Rd stets wdh.
Bordüre: Glatt re laut Zählmuster in Norwegertechnik mit mehreren Knäueln arb, dabei den unbenutzten Faden stets locker auf der Arbeitsrückseite mitführen.
Musterstreifen:
1.+4. Rd: Grau
2. Rd: je 1 M Weiß und Grau im Wechsel
3. Rd: je 1 M Grau und Weiß im Wechsel
Maschenprobe, glatt re: 28 M und 40 R = 10 x 10 cm

So wird es gemacht:
Anschlag je 56 M in Grau (= 14 M pro Nadel) und für den Umschlag wie folgt stricken: in Grau 2 cm Rippenmuster, 22 Rd Bordüre, in Grau 3 Rd glatt re, 1 Rd li M (= Bruch) und 3 Rd glatt re. Anschließend die Arbeit wenden und im Streifenmuster in Hellgrau meliert weiterarb, dabei in der 1. Rd auf der 1. Nadel 1 M abnehmen = 55 M. Nach 19 cm ab Umschlag auf der 1. Nadel wieder 1 M zunehmen und mit der Ferse beginnen. Die Socken laut Lehrgang und Größentabelle auf den Seiten 100-102 weiterarb, dabei die äußeren je 2 M der Fersenwand kraus re stricken. Nach der Ferse die M der 2. und 3. Nadel im Streifenmuster sowie die M der 1. und 4. Nadel glatt re stricken. Nach 19,5 cm Fußlänge den Musterstreifen arb, dann mit der Bandspitze in Hellgrau meliert beginnen.
Den Umschlag am Bruch nach außen schlagen und das Rippenmuster am Umschlagrand nach innen säumen.

Umschlagsocken in Dunkelgrau Zählmuster

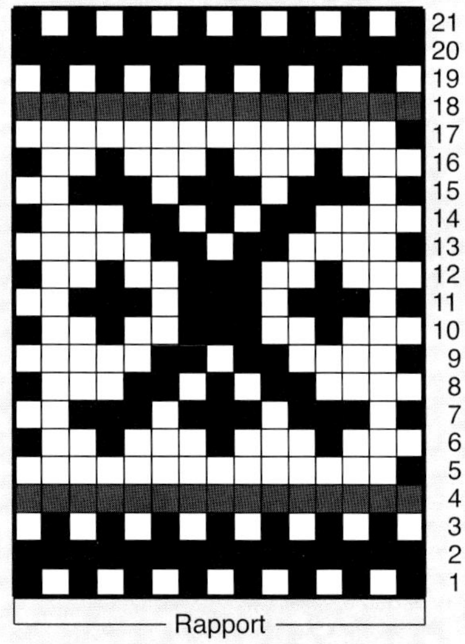

Umschlagsocken in Hellgrau Zählmuster

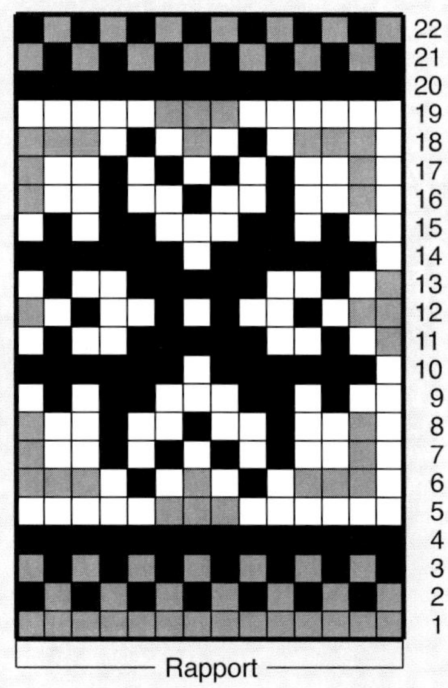

Zeichenerklärung:
1 Kästchen = 1 M + 1 Rd

■ = Schwarz
□ = Weiß
▩ = Dunkelgrau meliert
▨ = Grau

Kunterbunte Kinderringel

Söckchen mit Mäusezähnchen

***Schwierigkeit:* ✻**
Größe: 27/28

Materialbedarf:
„Meilenweit" von Lana Grossa
(80 % Schurwolle, 20 % Polyamid,
LL = 210 m/50 g): je 50 g Rot 1324,
Blau 1294, Oliv 1288, Weiß 1101,
Gelb 1283 und Orange 1315
Nadel-Spiel Nr. 2,5

Glatt re: Hin-R re M, Rück-R li M; in Rd nur re M
Mäusezähnchen: 2 M re zusammenstricken und 1 Umschlag im Wechsel
Kraus re: Hin- und Rück-R re M
Streifenmuster: Laut Zählmuster in Norwegertechnik mit mehreren Knäueln arb, dabei den unbenutzten Faden stets locker auf der Arbeitsrückseite mitführen. Die 1.-12. Rd stets wdh.
Maschenprobe, glatt re: 28 M und 40 R = 10 x 10 cm

So wird es gemacht:
Anschlag je 48 M in Rot (= 12 M pro Nadel) und für den Saum 6 Rd glatt re, 1 Rd Mäusezähnchen und 6 Rd glatt re stricken. Dann glatt re im Streifenmuster weiterarb. Nach 36 Rd ab Saum mit der Ferse in Rot beginnen und die Socken laut Lehrgang und Größentabelle auf den Seiten 100-102 weiterarb. Dabei die äußeren je 3 M der Fersenwand kraus re stricken. Nach der Ferse das Streifenmuster fortsetzen. Nach 14 cm Fußlänge mit der Bandspitze in Rot beginnen. Den Saum zur Hälfte nach innen säumen.

Ringelsöckchen mit Umschlag in 2 Varianten

***Schwierigkeit:* ✻**
Größe: 32/33

Materialbedarf:
„Meilenweit" von Lana Grossa
(80 % Schurwolle, 20 % Polyamid,
LL = 210 m/50 g): je 50 g Blau 1294,
Oliv 1288, Weiß 1101, Gelb 1283,
Rot 1324 und Orange 1315
oder ein Streifeneffektgarn (ca. 80 % Schurwolle, 20 % Polyamid, LL ca. 210 m/50 g): 100 g Meliert
Nadel-Spiel Nr. 2,5

Rippenmuster: 1 M re, 1 M li im Wechsel
Glatt re: Hin-R re M, Rück-R li M; in Rd nur re M
Kraus re: Hin- und Rück-R re M; in Rd abwechselnd je 1 Rd re und li M
Streifenfolge 1: je 1 Rd Blau und Oliv im Wechsel
Streifenfolge 2: *je 2 Rd Rot, Gelb, Orange und Weiß, ab * wdh
Maschenprobe, glatt re: 28 M und 40 R = 10 x 10 cm

So wird es gemacht:
Söckchen aus „Meilenweit"
Anschlag je 56 M in Blau (= 14 M pro Nadel) und für den Umschlag 3 Rd kraus re, 19 Rd glatt re laut Streifenfolge 1, für den Bruch 1 Rd li M in Blau und 4 Rd Rippenmuster in Weiß stricken. Dann die Arbeit wenden und glatt re laut Streifenfolge 2 weiterarb. Nach 11 cm ab Umschlag mit der Ferse laut Streifenfolge 1 beginnen und die Socken laut Lehrgang und Größentabelle auf den Seite 100-102 weiterarb. Dabei die äußeren je 3 M der Fersenwand kraus re stricken. Nach der Ferse die Streifenfolge 2 fortsetzen. Nach 17 cm Fußlänge mit der Bandspitze laut Streifenfolge 1 beginnen. Umschlag nach außen schlagen.

Variante aus „Streifeneffektgarn"
Wie die Söckchen aus „Meilenweit" arb, jedoch durchgehend mit Streifeneffektgarn. Die Ringel ergeben sich durch die Einfärbung des Garns.

Ringelsöckchen mit Rollrand

***Schwierigkeit:* ✻**
Größe: 31/32

Materialbedarf:
„Meilenweit" von Lana Grossa
(80 % Schurwolle, 20 % Polyamid,
LL = 210 m/50 g): je 50 g Gelb 1283,
Rot 1324, Orange 1315, Oliv 1288,
Blau 1294 und Weiß 1101
Nadel-Spiel Nr. 2,5

Glatt re: Hin-R re M, Rück-R li M; in Rd nur re M
Kraus re: Hin- und Rück-R re M
Streifenfolge: *je 1 Rd Oliv, Blau, Oliv, Orange, Oliv, Rot, Oliv, Weiß, Oliv und Gelb, ab * wdh
Maschenprobe, glatt re: 28 M und 40 R = 10 x 10 cm

So wird es gemacht:
Anschlag je 52 M in Gelb (= 13 M pro Nadel) und für den Rollrand 11 Rd glatt re stricken, dann laut Streifenfolge weiterarb. Nach 15 cm ab Anschlag mit der Ferse in Rot beginnen und die Socken laut Lehrgang und Größentabelle auf den Seiten 100-102 weiterarb. Dabei die äußeren je 3 M der Fersenwand kraus re stricken. Nach der Ferse die Streifenfolge fortsetzen. Nach 16,5 cm Fußlänge mit der Bandspitze in Orange beginnen.

TIPP: Zwei in einem Rutsch
Kaufen Sie zwei gleiche Nadel-Spiele, dann können Sie beide Socken Schritt für Schritt parallel arbeiten. So wird das Paar auch ohne Notizen zu Reihen- und Maschenzahlen, Zu- und Abnahmen garantiert identisch und Sie brauchen sich in jeden Schritt nur einmal einzudenken.

Söckchen mit Mäusezähnchen
Zählmuster

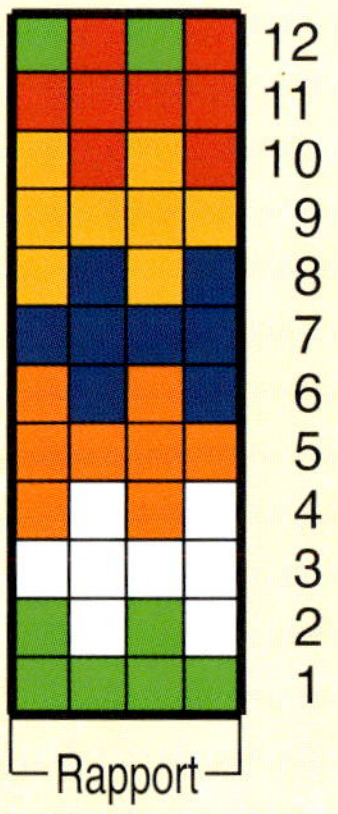

Zeichenerklärung:
1 Kästchen = 1 M + 1 Rd

- = Oliv
- = Weiß
- = Orange
- = Blau
- = Gelb
- = Rot

ABC

Fröhlich-farbenfrohes Kinderset

Buntes Kinder-Set

Materialbedarf:
„Cool Wool" von Lana Grossa (100 % Merino extrafine, LL = 160 m/50 g): 200 g Rot 640, je 50 g Blau 655, Mais 625, Grün 668 und Weiß 601
1 Nadel-Spiel Nr. 3,5 und 2 Nadel-Spiele Nr. 4,5 sowie 1 Häkel-Nadel Nr. 3,5

Glatt re: Hin-R re M, Rück-R li M; in Rd nur re M
Kästchenmuster:
1.+5. Rd: re M in Rot
2.+6. Rd: li M in Rot
3.+4. Rd: *2 M Rot und 2 M Muster-Fb re stricken, ab * wdh, dabei den unbenutzten Faden stets locker auf der Arbeitsrückseite mitführen
Streifen A: 2 Rd Weiß, 1 Rd Rot, 2 Rd Mais, 1 Rd Rot, 2 Rd Grün, 1 Rd Rot, 2 Rd Blau und 1 Rd Rot
Streifen B: 2 Rd Blau, 1 Rd Rot, 2 Rd Weiß, 1 Rd Rot, 2 Rd Mais, 1 Rd Rot und 2 Rd Grün
Streifen C: 2 Rd Grün, 1 Rd Rot, 2 Rd Blau, 1 Rd Rot, 2 Rd Weiß, 1 Rd Rot, 2 Rd Mais, 1 Rd Rot und 2 Rd Grün
Häkelschlaufen: 20 Lftm anschlagen, 1 R feste M häkeln und mit 1 Kett-M zur Schlaufe schließen, nochmals 20 bis 40 Lftm häkeln und darauf für die Locke 1 R feste M häkeln, dabei je 2 feste M in eine Lftm arb.
Häkellocke: 20 bis 40 Lftm häkeln und 1 R feste M häkeln, dabei je 2 feste M in eine Lftm arb.
Musterfolge Mütze: 6 Rd Kästchenmuster mit Blau;
glatt re: 1 Rd Rot, 12 Rd Streifen A;
6 Rd Kästchenmuster mit Weiß;
glatt re: 1 Rd Rot, 11 Rd Streifen B
Musterfolge Schal: *glatt re: 4 Rd Rot, 6 Rd Kästchenmuster mit Blau;
glatt re: 4 Rd Rot, 12 Rd Streifen A, 2 Rd Weiß und 4 Rd Rot;
6 Rd Kästchenmuster mit Mais;
glatt re: 4 Rd Rot, 14 Rd Streifen C und 4 Rd Rot; 6 Rd Kästchenmuster mit Weiß;
glatt re: 4 Rd Rot, 11 Rd Streifen B, 1 Rd Rot, 2 Rd Blau und 4 Rd Rot;
6 Rd Kästchenmuster mit Grün;
glatt re: 4 Rd Rot, 2 Rd Mais, 1 Rd Rot, 2 Rd Grün, 1 Rd Rot, 2 Rd Blau, 1 Rd Rot, 2 Rd Weiß, 1 Rd Rot und 2 Rd Mais, ab * stets wdh
Musterfolge Handschuhe: 6 Rd Kästchenmuster mit Blau;
glatt re: 12 Rd Streifen A, 2 Rd Weiß;
6 Rd Kästchenmuster mit Mais;
glatt re: 14 Rd Streifen C, in Rot je 1 Rd re und li M
Maschenprobe, glatt re mit Nadel Nr. 4,5: 20 M und 26 R = 10 x 10 cm

Mütze

Schwierigkeit: *
Größe: 50–54 cm Kopfumfang

So wird es gemacht:
Für den 1. Rollrand 100 M in Rot mit Nadel Nr. 4,5 anschlagen (= 25 M pro Nadel) und 16 Rd glatt re stricken, dann die M stilllegen. Den 2. Rollrand in Mais ebenso arb, jedoch bereits nach 12 Rd die M über den ersten Rollrand schieben und je 1 M beider Nadel-Spiele in Rot re zusammenstricken. Den 3. Rollrand in Grün arb, nach 10 Rd über die anderen beiden Rollränder schieben und in Rot wie zuvor zusammenstricken.
Nun gemäß Musterfolge weiterarb.
Danach in Rot glatt re weiterstricken, dabei in der 2., 6. und 10. Rd immer 2 M re zusammenstricken, dann restliche 13 M mit einem Faden zusammenziehen.
Je eine Häkelschlaufe in Blau, Grün und Mais arb und auf die Mützenmitte nähen.

Schal

Schwierigkeit: *
Größe: 12 x 113 cm

So wird es gemacht:
48 M in Rot mit Nadel Nr. 4,5 anschlagen (= 12 M pro Nadel) und gemäß Musterfolge stricken. Nach 294 Rd = 113 cm ab Anschlag die M abketten.
Den oberen und unteren Rand in Rot mit 1 R fester M zusammenhäkeln, dabei nur in jede 2. M einstechen. Pro Schalende 5 Häkellocken in verschiedenen Farben und Längen arb und anbringen.

Handschuhe

Schwierigkeit: ***
Größe: 3-4

So wird es gemacht:
40 M in Rot mit Nadel Nr. 3,5 anschlagen (= 10 M pro Nadel) und 10 Rd glatt re stricken, dann gemäß Musterfolge weiterarb. Gleichzeitig nach 36 Rd ab Anschlag mit dem Daumenkeil beginnen. Die Fingerhandschuhe werden nach den Handschuhregeln auf Seite 103 gearbeitet. Den Keil in die Musterfolge einfügen und wenn 11 Keil-M vorhanden sind, diese stilllegen.
Am Ende der Musterfolge mit den Fingern beginnen. Für den Zeigefinger in Mais die letzten 6 M des Handrückens und die ersten 6 M der Innenhand abstricken und 2 M für den Steg anschlagen = 14 M. Nach 20 Rd den Finger beenden. Für den Mittelfinger in Blau 5 M des Handrückens abstricken, 2 M aus dem Steg auffassen, 5 M der Innenhand abstricken und 2 M anschlagen = 14 M. Nach 24 Rd den Finger beenden. Den Ringfinger in Weiß wie den Mittelfinger arb, jedoch bereits nach 20 Rd beenden. Für den kleinen Finger in Grün die restlichen 8 M abstricken und aus dem Steg 2 M auffassen = 10 M. Nach 14 Rd diesen Finger beenden. Nun den Daumen in Rot stricken und nach 14 Rd beenden.
Den zweiten Handschuh gegengleich arb.

Wellness am Fuß: Kuschelsocken

Kuschelsocken in Wollweiß

***Schwierigkeit:* ∗∗**
Größe: 38/39

Materialbedarf:
„Meilenweit 6-fach" von Lana Grossa (80 % Schurwolle, 20 % Polyamid, LL = 130 m/50 g): 100 g Wollweiß 1
Nadel-Spiel Nr. 4,5

Rippenmuster: 2 M re, 2 M li im Wechsel
Glatt re: Hin-R re M, Rück-R li M; in Rd nur re M
Kraus re: Hin- und Rück-R re M
Grundmuster: Laut Strickschrift arb. Die 1.-6. Rd stets wdh.
Maschenprobe, glatt re: 22 M und 30 R = 10 x 10 cm

So wird es gemacht:
Anschlag je 48 M (= 12 M pro Nadel) und für den Bund 4 cm Rippenmuster stricken. Dann im Grundmuster weiterarb. Nach 14 cm ab Bund mit der Ferse beginnen und die Socken laut Lehrgang und Größentabelle auf den Seiten 100-102 weiterarb. Dabei die äußeren je 2 M der Fersenwand kraus re stricken. Nach der Ferse die letzte M der 1. Nadel auf die 2. Nadel legen, dann die M der 2. und 3. Nadel im Grundmuster, die M der 1. und 4. Nadel glatt re weiterarb. Die Zwickelabnahmen so oft wdh, bis 49 M vorhanden sind. Nach 20 cm Fußlänge auf der 2. Nadel 1 M abnehmen = 48 M und mit der Bandspitze beginnen.
Den Bund nach außen schlagen und in die li Rippen Fransen aus je drei 8 cm langen Fäden einknüpfen.

Kuschelsocken in Hellblau

***Schwierigkeit:* ∗∗**
Größe: 38/39

Materialbedarf:
„Meilenweit 6-fach" von Lana Grossa (80 % Schurwolle, 20 % Polyamid, LL = 130 m/50 g): 150 g Hellblau 31
Nadel-Spiel Nr. 4,5

Rippenmuster: 1 M re, 1 M li im Wechsel
Glatt re: Hin-R re M, Rück-R li M; in Rd nur re M
Kraus re: Hin- und Rück-R re M
Patentmuster:
1. Rd: *1 M li, 1 M mit 1 Umschlag li abheben, ab * wdh, 1 M li
2. Rd: *1 M li, die M mit dem Umschlag re zusammenstricken, ab * wdh, 1 M li
Die 1. und 2. Rd stets wdh.
Zopf A über 5 M:
1.–4. und 6.–8. Rd: 2 M re, 1 M li, 2 M re
5. Rd: 2 M auf 1 Hilfs-Nadel vor die Arbeit legen, 2 M re und 1 M li, dann die M der Hilfs-Nadel re stricken
Die 1.-8. Rd stets wdh.
Zopf B über 5 M: wie Zopf A, jedoch in der 5. Rd 3 M auf 1 Hilfs-Nadel hinter die Arbeit legen, 2 M re, dann die M der Hilfs-Nadel 1 M li und 2 M re stricken
Maschenprobe, doppelfädig glatt re: 20 M und 28 R = 10 x 10 cm
Hinweis: Die Socken mit doppeltem Faden stricken!

So wird es gemacht:
Anschlag je 42 M (= 1.+3. Nadel je 10 M, 2.+4. Nadel je 11 M) und 2 cm Rippenmuster stricken. Dann wie folgt weiterarb: 3 M Patentmuster, 5 M Zopf A, 3 M Patentmuster, 5 M Zopf B, 9 M Patentmuster, 5 M Zopf A, 3 M Patentmuster, 5 M Zopf B, 4 M Patentmuster.
Nach 48 Rd ab Bund auf der 1. Nadel 1 M zunehmen und mit der Ferse über 22 M beginnen. Für die Fersenwand 28 R stricken, dann das Käppchen über die mittleren 8 M arb. Die Socken laut Lehrgang auf Seite 100 und 101 weiterarb, dabei die äußeren je 3 M der Fersenwand kraus re stricken. Nach der Ferse die M der 2. und 3. Nadel im Patentmuster, die M der 1. und 4. Nadel glatt re weiterarb.
Nach 20 cm Fußlänge auf der 3. Nadel 1 M zunehmen = 44 M und mit der Bandspitze beginnen.

TIPPS:
Maschenzählen leicht gemacht!
Bei den Abnahmen am Zwickel und an der Spitze können Sie die entsprechenden Maschen auch li zusammenstricken, das erleichtert das Zählen der Runden.

Maschenprobe nicht vergessen!
Bitte beachten Sie die in der Anleitung genannte Maschenprobe. Sie ist die Grundlage für unsere Größentabellen. Bei abweichender Maschenprobe muss die Nadelstärke entsprechend angepasst werden: Sie brauchen dünnere Nadeln, wenn Sie weniger Maschen und Reihen auf 10 cm Breite und Höhe zählen. Wenn Sie mit den angegebenen Maschen- und Reihenzahlen weniger als 10 cm erreichen, nehmen Sie bitte dickere Nadeln.

Kuschelsocken in Wollweiß
Strickschrift

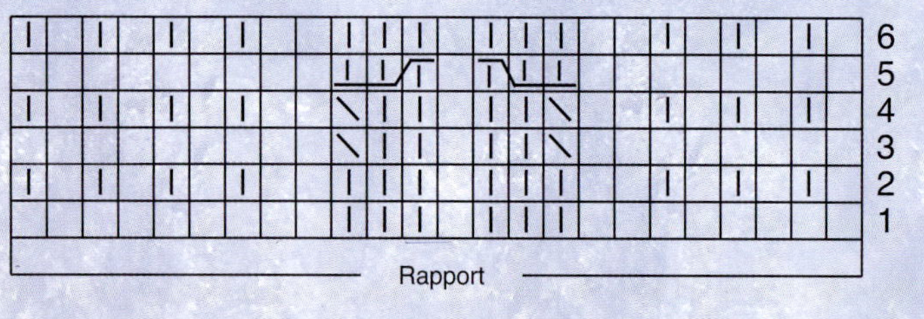

Zeichenerklärung:

- = 1 M re
- = 1 M li
- = 1 M li abheben, Faden liegt hinter der M
- = 1 M auf 1 Hilfs-Nadel vor die Arbeit legen, 2 M re, dann die M der Hilfs-Nadel re stricken
- = 2 M auf 1 Hilfs-Nadel hinter die Arbeit legen, 1 M re, dann die M der Hilfs-Nadel re stricken

Soft & trendy: Kuschelgarn

Großer Schal

Schwierigkeit: *
Größe: 60 x 250 cm

Materialbedarf:
Dickeres Flauschgarn (LL ca. 80 m/50g): 650 g Blaugrau
Schnellstrick-Nadel Nr. 4,5

Glatt re: Hin-R re M, Rück-R li M
Maschenprobe, glatt re: 14 M und 24 R = 10 x 10 cm

So wird es gemacht:
Anschlag 84 M und glatt re stricken. Nach 250 cm alle M abketten.
8 Pompons von 8 cm Durchmesser anfertigen und an die Schalenden verteilt je 4 Pompons nähen.

Fäustlinge

Schwierigkeit: * *
Größe: 7–8

Materialbedarf:
„Cool Wool" von Lana Grossa (100 % Schurwolle, LL = 160 m/50 g): 100 g Blaugrau 413 und dickeres Flauschgarn (LL = 80 m/50g): 50 g Blaugrau; Nadel-Spiel Nr. 3,5 und 4,5

Rippenmuster: 1 M re, 1 M li im Wechsel
Glatt re: in Rd nur re M
Kraus re: 1 Rd re M und 1 Rd li M im Wechsel
Maschenprobe, kraus re mit „Cool Wool" und Nadel Nr. 3,5: 24 M und 50 R = 10 x 10 cm

So wird es gemacht:
Für den re Handschuh 48 M mit „Amica" und Nadel Nr. 4,5 anschlagen (= 12 M pro Nadel) und glatt re stricken, dabei in der 11. und 22. Rd verteilt je 11 M abnehmen = 26 M. Dann 6 cm im Rippenmuster stricken. Nun mit „Cool Wool" und Nadel Nr. 3,5 kraus re weiterarb, dabei in der 1. Rd verteilt 22 M zunehmen = 48 M (= 12 M pro Nadel). Nach 2 Rd bereits mit dem Daumenkeil gemäß den Handschuhregeln auf Seite 103 beginnen, jedoch den Keil kraus re stricken und die Zunahmen in jeder 4. Rd ausführen, bis 17 Keil-M vorhanden sind. Bedingt durch das Muster die Abnahmen am Steg in der 2. und 6. Rd ausführen. Bis zur Höhe des Ringfingers stricken, dann mit der Spitze beginnen, hierfür in jeder 2. Rd die M mustergemäß zusammenstricken.
Den Daumen kraus re stricken und nach 5 cm Höhe beenden.

Mütze

Schwierigkeit: *
Größe: 54–56 cm Kopfumfang

Materialbedarf:
Dickeres Flauschgarn (LL = 80 m/50g): 100 g Blaugrau; Nadel-Spiel Nr. 4,5

Rippenmuster: 1 M re, 1 M li im Wechsel
Glatt re: in Rd nur re M
Maschenprobe, glatt re: 14 M und 24 R = 10 x 10 cm

So wird es gemacht:
Anschlag 72 M (= 18 M pro Nadel) und 3 cm Rippenmuster stricken. Anschließend glatt re weiterarb, dabei in der 1. Rd verteilt 12 M zunehmen (= jeweils 1 M re verschränkt aus dem Querfaden herausstricken) = 84 M. Diese Zunahmen noch 4 x in jeder 4. Rd wdh = 132 M. In der 20. Rd ab Bund wieder verteilt 12 M abnehmen (= jeweils 2 M re zusammenstricken) = 120 M. Diese Abnahmen noch 5 x in jeder 4. Rd und 4 x in jeder 2. Rd wdh = 12 M. Noch 1 Rd stricken, dann je 2 M re zusammenstricken und restliche M mit dem Faden zusammenziehen.
Einen Pompon mit 5 cm Durchmesser anfertigen und auf die Mützenmitte nähen.

Mustermaschen für Ihn

Schal

Schwierigkeit:* *
***Größe:* 13 x 120 cm**

Materialbedarf:
„Bingo" von Lana Grossa
(100 % Schurwolle, LL = 80 m/50 g):
300 g Dunkelblau 14
1 lange Rundstrick-Nadel Nr. 5,5
und Häkel-Nadel Nr. 5

Aranmuster: Laut Strickschrift 1 x die 1.-16. Rd und 1 x die 1.-12. Rd arb.
Maschenprobe im Aranmuster: 17,5 M und 22 R = 10 x 10 cm

So wird es gemacht:
Anschlag 420 M und in Rd im Aranmuster stricken. Nach 28 Rd ab Anschlag alle M abketten.
Das Teil zusammenlegen und die Längskanten zusammenhäkeln: 1 feste M und 1 Lftm im Wechsel. In die Schalenden Fransen aus je drei 20 cm langen Fäden einknüpfen.

Mütze

Schwierigkeit:* *
***Größe:* 56-58 cm Kopfumfang**

Materialbedarf:
„Bingo" von Lana Grossa
(100 % Schurwolle, LL = 80 m/50 g):
150 g Dunkelblau 14
Nadel-Spiel Nr. 5

Aranmuster: Laut Strickschrift arb. Die 1.-12. Rd stets wdh.
Rippenmuster 1: 1 M re, 1 M li im Wechsel
Rippenmuster 2: 2 M re, 2 M li im Wechsel
Maschenprobe im Aranmuster: 18 M und 22 R = 10 x 10 cm

So wird es gemacht:
Anschlag 105 M (= 1.+3. Nadel je 30 M, 2. Nadel 21 M, 4. Nadel 24 M) und im Aranmuster stricken. Nach 24 Rd ab Anschlag die Arbeit für den Umschlag wenden und im Rippenmuster 2 weiterarb, dabei in der 1. Rd 1 M abnehmen = 104 M (= 26 M pro Nadel). Nach 18 cm ab Umschlag stets 2 M re bzw. li zusammenstricken, dann im Rippenmuster 1 weiterarb. Nach weiteren 3 Rd stets 2 M re zusammenstricken, noch 2 Rd re M stricken, dann wieder stets 2 M re zusammenstricken und restliche 13 M mit dem Faden zusammenziehen. Das Aranmuster als Umschlag nach außen schlagen.

Handschuhe

Schwierigkeit:* **
***Größe:* 8-9**

Materialbedarf:
„Bingo" von Lana Grossa
(100 % Schurwolle, LL = 80 m/50 g):
150 g Dunkelblau 14
Nadel-Spiel Nr. 4

Glatt re: in Rd nur re M
Rippenmuster 2: 2 M re, 2 M li im Wechsel
Aranmuster: Laut Strickschrift arb. Die 1.-12. Rd stets wdh.
Maschenprobe, glatt re: 22 M und 30 R = 10 x 10 cm

So wird es gemacht:
Für den re Handschuh 60 M anschlagen (= 15 M pro Nadel) und im Aranmuster stricken. Nach 33 Rd ab Anschlag verteilt 8 M abnehmen = 52 M (= 13 M pro Nadel) und im Rippenmuster 2 weiterarb. Gleichzeitig mit dem Daumenkeil beginnen, dafür die 2. M der 4. Nadel markieren und gemäß den Handschuhregeln auf Seite 103 zunehmen, bis 17 Keil-M vorhanden sind. Diese M stilllegen und dafür 5 Steg-M neu anschlagen, diese nach den Handschuhregeln wieder abnehmen. Gerade weiterarb, nach 30 Rd ab Aranmuster verteilt 4 M abnehmen = 48 M (= 12 M pro Nadel) und mit den Fingern gemäß den Handschuhregeln beginnen. Die Finger glatt re stricken. Für den Zeigefinger die letzten 7 M des Handrückens und die ersten 7 M der Innenhand abstricken und 2 M für den Steg neu anschlagen = 16 M. Nach 24 Rd den Finger beenden. Für den Mittelfinger 6 M des Handrückens abstricken, 2 M aus dem Steg auffassen, die folgenden 6 M der Innenhand abstricken und 2 M für den Steg anschlagen = 16 M. Nach 28 Rd den Finger beenden. Den Ringfinger wie den Mittelfinger arb und nach 24 Rd beenden. Für den kleinen Finger die restlichen 10 M abstricken und 2 M aus dem Steg auffassen = 12 M, nach 18 Rd den Finger beenden. Nun den Daumen gemäß den Handschuhregeln arb und nach 18 Rd beenden.
Den li Handschuh gegengleich arb.

Strickschrift

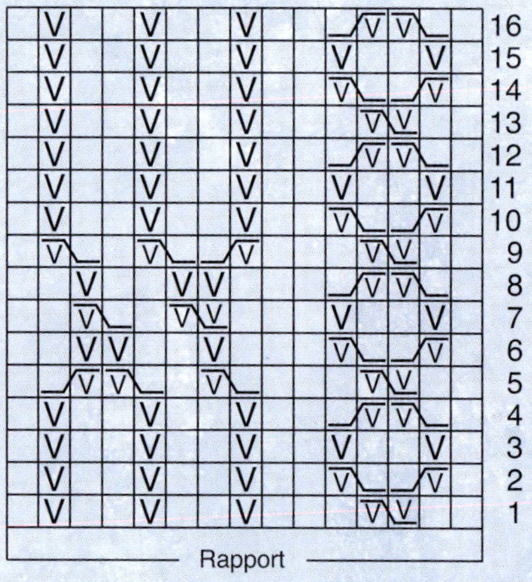

Zeichenerklärung:

V = 1 M re verschränkt
□ = 1 M li
VV = 1 M auf 1 Hilfs-Nadel vor die Arbeit legen, 1 M re verschränkt, dann die M der Hilfs-Nadel re verschränkt stricken
V_ = 1 M auf 1 Hilfs-Nadel vor die Arbeit legen, 1 M li, dann die M der Hilfs-Nadel re verschränkt stricken
_V = 1 M auf 1 Hilfs-Nadel hinter die Arbeit legen, 1 M re verschränkt, dann die M der Hilfs-Nadel li stricken

Motivsocken für echte Pferdefans

Pferde-Socken in Rost

Schwierigkeit:* *
Größe: 30/31

Materialbedarf:
„Meilenweit“ von Lana Grossa
(80 % Schurwolle, 20 % Polyamid,
LL = 210 m/50 g): je 50 g Rost 1282,
Dunkelgrau 1105, Grau 1104,
Grün 1288 und Natur 1113
Nadel-Spiel Nr. 3

Glatt re: Hin-R re M, Rück-R li M; in Rd nur re M
Glatt li: in Rd nur li M
Kraus re: Hin- und Rück-R re M
Pferdekopf: Nachträglich laut Zählmuster 1 im Maschenstich aufsticken (siehe Stickschule auf Seite 106/107). Die Konturen mit dunkelgrauen Stielstichen sticken, eventuell mit geteiltem Faden.
Maschenprobe, glatt re: 28 M und 40 R = 10 x 10 cm

So wird es gemacht:
Anschlag je 52 M in Dunkelgrau (= 13 M pro Nadel) und für den Rollrand 8 Rd glatt li stricken, dann in Rost glatt re weiterarb. Nach 12 cm ab Rollrand mit der Ferse in Dunkelgrau beginnen und die Socken laut Lehrgang und Größentabelle auf den Seiten 100-102 weiterarb. Dabei die äußeren je 3 M der Fersenwand kraus re stricken. Nach der Ferse in Rost weiterarb und nach 16 cm Fußlänge mit der Bandspitze in Dunkelgrau beginnen.
Die re Socke laut Zählmuster, die li Socke gegengleich besticken. Dabei das Motiv 1 Rd über der Ferse seitlich am Schaft anordnen.

Pferde-Socken in Jeansblau

Schwierigkeit:* *
Größe: 32/33

Materialbedarf:
„Meilenweit“ von Lana Grossa
(80 % Schurwolle, 20 % Polyamid,
LL = 210 m/50 g): 100 g Jeansblau 1136,
je 50 g Rotbraun 1290, Schwarz 1106
und Natur 1113
Nadel-Spiel Nr. 2,5 und 3

Rippenmuster mit Nadel Nr. 2,5: 1 M re, 1 M li im Wechsel
Folgende Muster mit Nadel Nr. 3 stricken!
Glatt re: Hin-R re M, Rück-R li M; in Rd nur re M
Kraus re: Hin- und Rück-R re M
Pferdekopf: Nachträglich laut Zählmuster 2 im Maschenstich aufsticken (siehe Stickschule auf Seite 106/107). Konturen mit schwarzen Stielstichen sticken, eventuell mit geteiltem Faden.
Maschenprobe, glatt re: 28 M und 40 R = 10 x 10 cm

So wird es gemacht:
Anschlag je 56 M in Jeansblau (= 14 M pro Nadel) und 5 cm Rippenmuster stricken, dann glatt re weiterarb. Nach 12 cm ab Bund mit der Ferse beginnen und die Socken laut Lehrgang und Größentabelle auf den Seiten 100-102 weiterarb. Dabei die äußeren je 3 M der Fersenwand kraus re stricken. Nach 17 cm Fußlänge mit der Bandspitze beginnen.
Die re Socke laut Zählmuster, die li Socke gegengleich besticken. Dabei das Motiv 5 Rd über der Ferse seitlich am Schaft anordnen.

Zeichenerklärung:
1 Kästchen = 1 M und 1 R

- = Jeansblau
- = Rotbraun
- = Dunkelbraun
- = Beige
- = Rost
- = Dunkelgrau
- = Grau
- = Schwarz
- = Ziegelrot
- = Grün
- = Natur

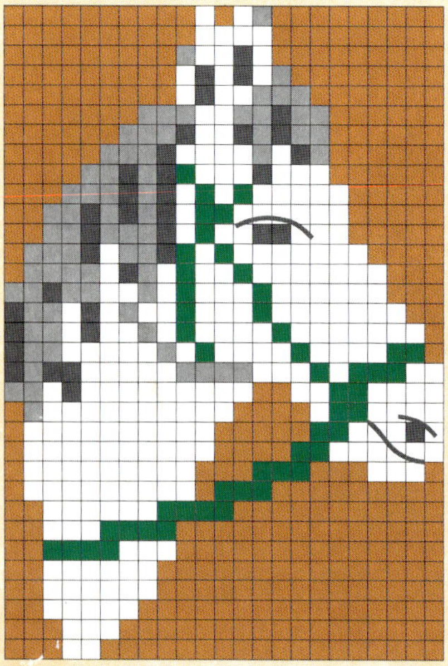

Zählmuster 1

Zählmuster 2

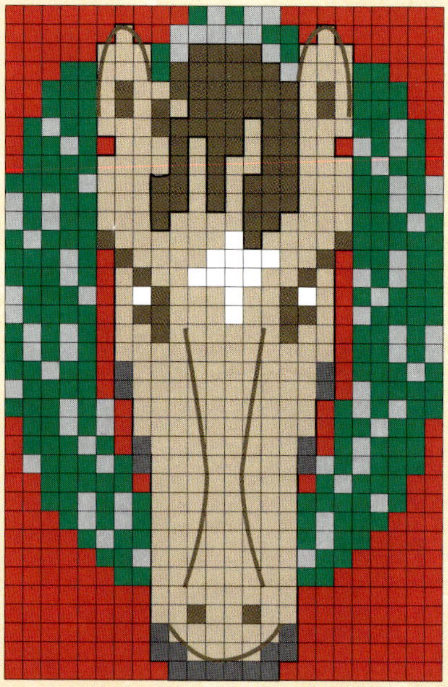

Zählmuster 3

Pferde-Socken in Ziegelrot

Schwierigkeit: ✱✱
***Größe:* 34/35**

Materialbedarf:
„Meilenweit" von Lana Grossa (80 % Schurwolle, 20 % Polyamid, LL = 210 m/50 g): 100 g Ziegelrot 1285, je 50 g Grün 1288, Beige 1301, Dunkelbraun 1291, Grau 1104, Dunkelgrau 1105 und Natur 1113
Nadel-Spiel Nr. 3

Glatt re: Hin-R re M, Rück-R li M; in Rd nur re M
Glatt li: in Rd nur li M
Kraus re: Hin- und Rück-R re M
Pferdekopf: Nachträglich laut Zählmuster 3 im Maschenstich aufsticken (siehe Stickschule auf Seite 106/107). Konturen mit dunkelbraunen Stielstichen sticken, eventuell mit geteiltem Faden.
Maschenprobe, glatt re: 28 M und 40 R = 10 x 10 cm

So wird es gemacht:
Anschlag je 56 M in Grün (= 14 M pro Nadel) und für den Rollrand 8 Rd glatt li stricken, dann in Ziegelrot glatt re weiterarb. Nach 15 cm ab Rollrand mit der Ferse in Grün beginnen und die Socken laut Lehrgang und Größentabelle auf den Seiten 100-102 weiterarb. Dabei die äußeren je 3 M der Fersenwand kraus re stricken. Nach der Ferse in Ziegelrot weiterarb und nach 18,5 cm Fußlänge mit der Bandspitze in Grün beginnen. Die re Socke laut Zählmuster, die li Socke gegengleich besticken. Dabei das Motiv 9 Rd über der Ferse seitlich am Schaft anordnen.

Schöne, warme Hände

Fäustlinge in Dunkelgrün

Schwierigkeit:* *
***Größe:* 7–8**

Materialbedarf:
„Meilenweit" von Lana Grossa
(80 % Schurwolle, 20 % Polyamid,
LL = 210 m/50 g):
100 g Oliv 1288
Nadel-Spiel Nr. 3

Glatt re: in Rd nur re M
Zopf über 10 M: Laut Strickschrift arb. Die 1.-6. Rd stets wdh.
Strukturmuster nach re: 2 M re, 2 M li im Wechsel, das Muster in jeder 3. Rd um 1 M nach re versetzen
Strukturmuster nach li: 2 M re, 2 M li im Wechsel, das Muster in jeder 3. Rd um 1 M nach li versetzen
Maschenprobe, glatt re: 28 M und 40 R = 10 x 10 cm

So wird es gemacht:
Für den re Fäustling 56 M anschlagen (= 1.+4. Nadel je 14 M, 2. Nadel 18 M, 3. Nadel 10 M) und wie folgt stricken: 22 M Strukturmuster nach re, 10 M Zopf und 24 M Strukturmuster nach li. Nach 54 Rd ab Anschlag die Strukturmuster-M glatt re weiterstricken, den Zopf auf dem Handrücken fortsetzen und mit dem Daumenkeil beginnen. Dafür die 2. M der 4. Nadel markieren und gemäß den Handschuhregeln auf Seite 103 zunehmen, jedoch die ersten 4 Zunahmen in jeder 3. Rd ausführen, restliche Zunahmen in jeder 2. Rd. Wenn 19 Keil-M vorhanden sind, diese M stilllegen und dafür 5 Steg-M neu anschlagen, diese nach den Handschuhregeln wieder abnehmen. Gerade weiterarb und nach 14 cm ab Strukturmuster mit der Spitze beginnen. Dafür in jeder 2. Rd jeweils die 2. und 3. M der 2. und 4. Nadel sowie die dritt- und zweitletzte M der 1. und 3. Nadel li zusammenstricken. Restliche M zusammenziehen. Nun den Daumen gemäß den Handschuhregeln arb und nach 5 cm beenden.
Den li Fäustling gegengleich arb.

Fingerhandschuhe

Schwierigkeit:* **
***Größe:* 7–8**

Materialbedarf:
„Meilenweit" von Lana Grossa
(80 % Schurwolle, 20 % Polyamid,
LL = 210 m/50 g): 100 g Hellgrün 1287
Nadel-Spiel Nr. 3

Glatt re: in Rd nur re M
Lochmuster: Laut Strickschrift arb. Die 1.-4. Rd stets wdh.
Noppe: 2 M re zusammenstricken, ohne sie von der Nadel gleiten zu lassen, *1 Umschlag und die M nochmals re zusammenstricken, ab * noch 2 x wdh, wenden, 7 M li, wenden, die 2.-7. M über die 1. M ziehen und aus dieser M 1 M re und 1 M re verschränkt herausstricken
Maschenprobe, glatt re: 28 M und 40 R = 10 x 10 cm

So wird es gemacht:
Für den re Handschuh 56 M anschlagen (= 14 M pro Nadel) und im Lochmuster stricken. Die M der 1. und 2. Nadel bilden die Innenhand, die M der 3. und 4. Nadel den Handrücken. Nach 44 Rd ab Anschlag die M der Innenhand glatt re, die M des Handrückens im Lochmuster weiterarb. Jedoch nach 4 Rd das Lochmuster beidseitig in jeder 2. Rd um 1 M verringen, bis alle M glatt re gestrickt werden, dabei die Lochmusterstreifen jeweils mit 1 Noppe beenden, siehe 5. Rd der Strickschrift. Gleichzeitig mit dem Daumenkeil beginnen, dafür die 2. M der 1. Nadel markieren und gemäß den Handschuhregeln auf Seite 103 zunehmen, bis 19 Keil-M vorhanden sind. Diese M stilllegen, dafür 5 Steg-M neu anschlagen und diese nach den Handschuhregeln wieder abnehmen. Gerade weiterarb und nach 20 cm ab Anschlag mit den Fingern gemäß den Handschuhregeln beginnen. Für den Zeigefinger die letzten 8 M des Handrückens und die ersten 8 M der Innenhand abstricken und 2 M für den Steg anschlagen = 18 M. Nach 30 Rd den Finger beenden. Für den Mittelfinger 7 M des Handrückens abstricken, 2 M aus dem Steg auffassen, die folgenden 7 M der Innenhand abstricken und 2 M für den Steg anschlagen = 18 M. Nach 35 Rd den Finger beenden. Den Ringfinger wie den Mittelfinger arb und nach 30 Rd beenden. Für den kleinen Finger restliche 12 M abstricken und 2 M aus dem Steg auffassen = 14 M, nach 20 Rd den Finger beenden. Nun den Daumen gemäß den Handschuhregeln arb und nach 18 Rd beenden.
Den li Handschuh gegengleich arb.

Fäustlinge in Dunkelgrün
Strickschrift

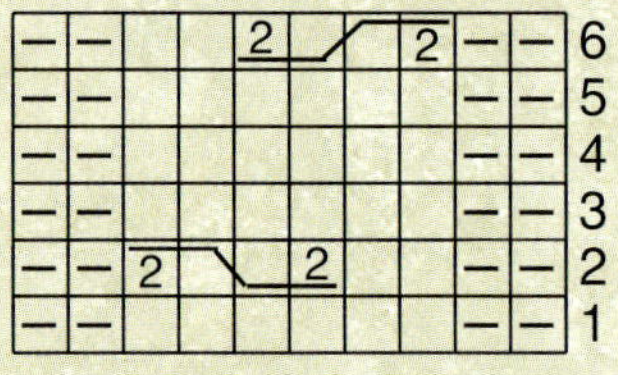

Fingerhandschuhe
Strickschrift

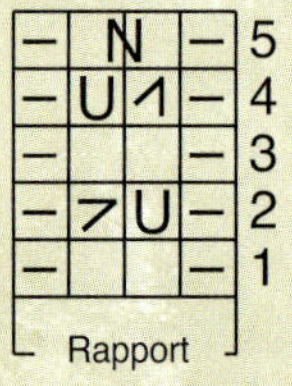

Zeichenerklärung:

= 1 M re
– = 1 M li
U = 1 Umschlag
= 2 M re zusammenstricken
= 2 M re verschränkt zusammenstricken
= 2 M auf 1 Hilfs-Nadel vor die Arbeit legen, 2 M re, dann die M der Hilfs-Nadel re stricken
= 2 M auf 1 Hilfs-Nadel hinter die Arbeit legen, 2 M re, dann die M der Hilfs-Nadel re stricken
N = 1 Noppe, siehe Text

Damenset im Ethno-Look

Handschuhe

Schwierigkeit: ***
Größe: 7–8

Materialbedarf:
„Meilenweit Tweed" von Lana Grossa (80 % Schurwolle, 20 % Polyamid, LL = 210 m/50 g): 50 g Natur 106
„Meilenweit" von Lana Grossa (80 % Schurwolle, 20 % Polyamid, LL = 210 m/50 g): je 50 g Braun 1291, Rotbraun 1323 und Oliv 1288
Nadel-Spiel Nr. 2,5 und 3

Rippenmuster mit Nadel Nr. 2,5: 1 M re, 1 M li im Wechsel
Die folgenden Muster mit Nadel Nr. 3 stricken!
Glatt re: in Rd nur re M
Bordüre: Glatt re laut Zählmuster 2 in Norwegertechnik mit mehreren Knäueln arb, dabei den unbenutzten Faden stets locker auf der Arbeitsrückseite mitführen.
Streifenfolge: je 2 Rd Natur, *Rotbraun, Natur, Braun und Oliv, ab * wdh
Lama-Motiv: Nachträglich laut Zählmuster 3 im Maschenstich aufsticken (siehe Stickschule auf Seite 60/61).
Maschenprobe, glatt re: 28 M und 40 R = 10 x 10 cm

So wird es gemacht:
Für den re Handschuh 56 M in Natur anschlagen (= 14 M pro Nadel) und 2 cm Rippenmuster stricken, dabei in der letzten Rd verteilt 4 M zunehmen = 60 M (= 15 M pro Nadel). Die M der 1. und 2. Nadel bilden die Innenhand, die M der 3. und 4. Nadel den Handrücken.
Anschließend glatt re 2 Rd Natur, 35 Rd Bordüre und weiter in Natur stricken. Nach 2 Rd ab Bordüre den Daumenkeil beginnen, dafür die 5. M der Innenhand markieren und gemäß den Handschuhregeln auf Seite 103 zunehmen, bis 21 Keil-M vorhanden sind. Diese M stilllegen und für den Steg 7 M neu anschlagen. Nach 2 Rd die Steg-M wie folgt wieder abnehmen: die ersten 2 M re verschränkt zusammenstricken, die letzten 2 M re zusammenstricken. Diese Abnahmen in jeder 2. Rd wdh, bis insgesamt 60 M vorhanden sind. Bis zur Fingerwurzel des kleinen Fingers hoch stricken, dann die Finger gemäß den Handschuhregeln arb.
Für den kleinen Finger in Braun die letzten 7 M der Innenhand sowie die ersten 7 M des Handrückens abstricken und 2 M für den Steg anschlagen = 16 M.
Bei allen Fingern ca. 1 cm vor gewünschter Fingerhöhe die Spitze arb. Nun über die restlichen M noch 1 cm gerade stricken, dabei aus dem Steg 2 M auffassen = 48 M. Dann für den Ringfinger in Rotbraun die letzten 8 M der Innenhand und die ersten 8 M des Handrückens abstrikken und 3 M für den Steg anschlagen = 19 M. Für den Mittelfinger in Oliv die letzten 8 M der Innenhand abstricken, 3 M aus dem Steg auffassen, die ersten 8 M des Handrückens abstricken und 3 M anschlagen = 22 M. Für den Zeigefinger in Natur restliche
16 M abstricken und 3 M aus dem Steg auffassen = 19 M. Für den Daumen zu den stillgelegten Keil-M noch 7 M aus dem Steg auffassen und glatt re laut Streifenfolge stricken, dabei die Steg-M wie zuvor abnehmen = 22 M.
Den li Handschuh gegengleich arb.
Auf den Handrücken das Lama-Motiv sticken mit 6 Rd Abstand zur Bordüre.

Indio-Mütze

Schwierigkeit: **
Größe: 52–54 cm Kopfumfang

Materialbedarf:
„Meilenweit Tweed" von Lana Grossa (80 % Schurwolle, 20 % Polyamid, LL = 210 m/50 g): 50 g Natur 106
„Meilenweit" von Lana Grossa (80 % Schurwolle, 20 % Polyamid, LL = 210 m/50 g): 50 g Braun 1291
Nadel-Spiel Nr. 3

Glatt re: Hin-R re M, Rück-R li M; in Rd nur re M
Bordüre: Glatt re laut Zählmuster 2 in Norwegertechnik mit mehreren Knäueln arb, dabei den unbenutzten Faden stets locker auf der Arbeitsrückseite mitführen.
Maschenprobe in Norwegertechnik: 26 M und 40 R = 10 x 10 cm

So wird es gemacht:
132 M in Natur anschlagen (= 33 M pro Nadel) und in Rd glatt re stricken. Nach 7 Rd ab Anschlag die Bordüre arb, danach in Natur weiterstricken. In der 1. Rd nach der Bordüre verteilt 4 M abnehmen = 128 M. Nun jede 16. M mit einem Faden markieren und 11 x in jeder 2. Rd die markierte M mit der M davor re zusammenstricken = 40 M. Dann noch 5 x in jeder 2. Rd und 3 x in jeder 4. Rd jede 2. markierte M mit der M davor re zusammenstricken = 8 M. Nach 46 Rd ab Bordüre restliche M mit dem Faden zusammenziehen. Für die Ohrklappen je 32 M in Natur anschlagen und glatt re stricken. Nach 16 R ab Anschlag beidseitig in jeder 4. R 3 x 1 M, in jeder 2. R 4 x 1, 1 x 2 und 1 x 3 M, dann restliche M abketten.
Die Ohrklappen beidseitig von innen in Höhe der 1. Bordüren-Rd annähen. Nun je einen Zopf unten an die Ohrklappen bzw. an die Mützenspitze arb. Für einen Zopf je 6 braune und naturfarbene Fäden einknüpfen, einen ca. 18 bzw. 15 cm langen Zopf flechten, die Enden verknoten, hängen lassen und auf ca. 23 bzw. 20 cm Gesamtlänge kürzen.

Dreiecktuch

Schwierigkeit: *

Materialbedarf:
Dickes Wollmischgarn (LL ca. 65 m/ 50 g): 350 g Natur und 50 g Braun
Schnellstrick-Nadel Nr. 6

Glatt re: Hin-R re M, Rück-R li M
Bordüre: Glatt re laut Zählmuster 1 in Norwegertechnik mit mehreren Knäueln arb, dabei den unbenutzten Faden stets locker auf der Arbeitsrückseite mitführen.
Maschenprobe, glatt re: 11 M und 20 R = 10 x 10 cm

So wird es gemacht:
3 M in Natur anschlagen und glatt re stricken, dabei beidseitig in jeder 2. R 88 x 1 M zunehmen = 179 M. Nach 77 cm = 154 R ab Anschlag die Bordüre einstricken, dabei das Muster von der Mitte aus einteilen. Danach in Natur weiterstricken. Nach 89 cm = 178 R ab Anschlag alle M abketten.
An die schrägen Seitenkanten braune Fransen aus je zwei ca. 12 cm langen Fäden einknüpfen. An jeder Ecke einen braunen Zopf arb: je 4 lange Fäden an der Ecke einknüpfen. Einen 8 cm langen Zopf flechten, dann die Fäden verknoten, hängen lassen und auf 18 cm Gesamtlänge kürzen.

Zählmuster 1

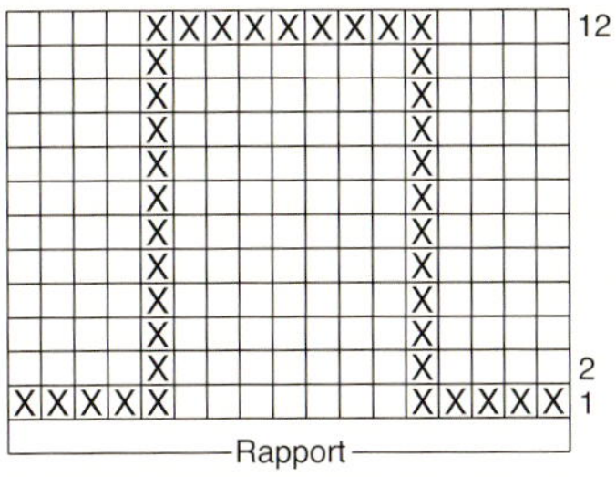

Zählmuster 2

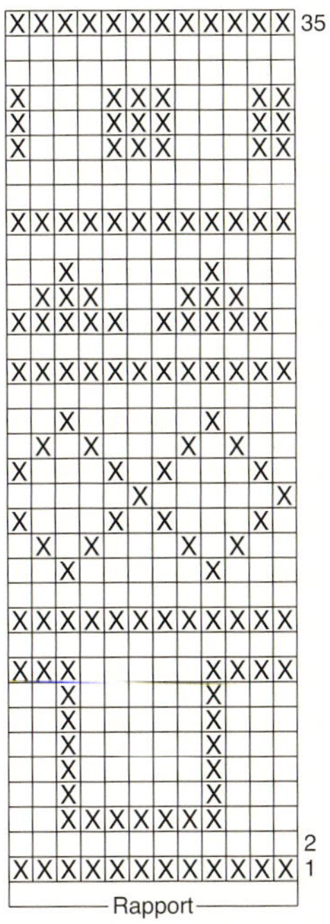

Zählmuster 3

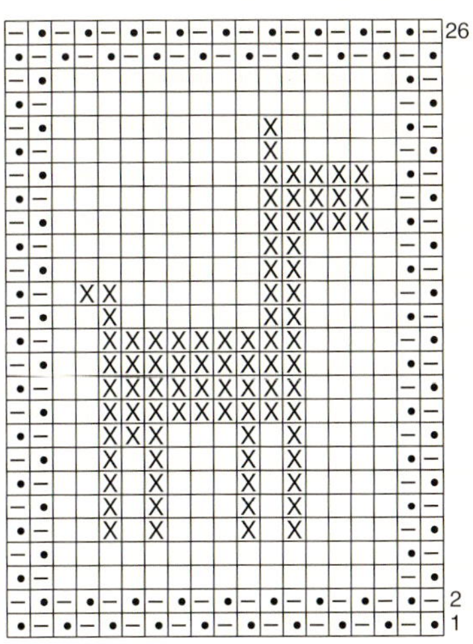

Zeichenerklärung:

1 Kästchen = 1 M und 1 R/Rd

☐ = Natur

☒ = Braun; bei Zählmuster 3 = 1 Maschenstich Braun

• = 1 Maschenstich Rotbraun

– = 1 Maschenstich Oliv

Folkloristische Bordüren aus Peru

Socken mit Jacquardbordüre

Schwierigkeit: **
Größe: 39/40

Materialbedarf:
„Meilenweit" von Lana Grossa
(80 % Schurwolle, 20 % Polyamid,
LL = 210 m/50 g): je 50 g Braun 1291
und Weinrot 1323
„Meilenweit Tweed" von Lana Grossa
(80 % Schurwolle, 20 % Polyamid,
LL = 210 m/50 g): 50 g Natur 106
Nadel-Spiel Nr. 2,5 und 3

Rippenmuster mit Nadel Nr. 2,5: 1 M re, 1 M li im Wechsel
Die folgenden Muster mit Nadel Nr. 3 stricken!
Glatt re: Hin-R re M, Rück-R li M; in Rd nur re M
Kraus re: Hin- und Rück-R re M
Jacquardbordüre: Glatt re laut Zählmuster in Norwegertechnik mit mehreren Knäueln arb, dabei den unbenutzten Faden stets locker auf der Arbeitsrückseite mitführen. In der Höhe 1 x die 1.-14. Rd und 1 x die 13.-1. Rd arb.
Maschenprobe, glatt re: 28 M und 40 R = 10 x 10 cm

So wird es gemacht:
Anschlag je 60 M in Braun (= 15 M pro Nadel) und 3 cm Rippenmuster stricken, dann glatt re in folgender Einteilung weiterarb: 2 Rd Weinrot, 6 Rd Natur, 2 Rd Weinrot, 27 Rd Jacquardbordüre, 2 Rd Weinrot und 6 Rd Natur. Dann mit der Ferse beginnen, dabei die 1. und 2. R in Weinrot, dann in Braun stricken. Die Socken laut Lehrgang und Größentabelle auf den Seiten 100-102 weiterarb, dabei die äußeren je 2 M der Fersenwand kraus re stricken. Nach der Ferse zunächst 2 Rd in Weinrot stricken, dann in Natur weiterarb. Nach 21 cm Fußlänge mit der Bandspitze beginnen, dabei zunächst 2 Rd in Weinrot, dann in Braun stricken.

Zeichenerklärung:

- = Braun
- = Natur
- = Weinrot
- = Camel

Indio-Socken mit Fransen

Schwierigkeit: **
Größe: 36/37

Materialbedarf:
„Meilenweit Tweed" von Lana Grossa
(80 % Schurwolle, 20 % Polyamid,
LL = 210 m/50 g): 100 g Natur 106
und 50 g Camel 132
„Meilenweit" von Lana Grossa
(80 % Schurwolle, 20 % Polyamid,
LL = 210 m/50 g): 50 g Weinrot 1323
Nadel-Spiel Nr. 3

Rippenmuster: 1 M re, 1 M li im Wechsel
Glatt re: Hin-R re M, Rück-R li M; in Rd nur re M
Kraus re: Hin- und Rück-R re M
Bordüre: Glatt re laut Zählmuster in Norwegertechnik mit mehreren Knäueln arb, dabei den unbenutzten Faden stets locker auf der Arbeitsrückseite mitführen.
Maschenprobe, glatt re: 28 M und 40 R = 10 x 10 cm

So wird es gemacht:
Anschlag je 60 M in Natur (= 15 M pro Nadel) und 7 cm Rippenmuster stricken, dann glatt re in Natur weiterarb. Nach 6 cm ab Bund 22 Rd Bordüre und noch 10 Rd in Natur stricken, dann mit der Ferse in Camel beginnen. Die Socken laut Lehrgang und Größentabelle auf den Seiten 100-102 weiterarb, dabei die äußeren je 2 M der Fersenwand kraus re stricken. Nach der Ferse in Natur weiterarb. Nach 19,5 cm Fußlänge mit der Bandspitze in Weinrot beginnen. An den oberen Sockenrand 18 Fransen abwechselnd in Weinrot, Camel und Natur einknüpfen, pro Franse drei 7 cm lange Fäden nehmen. Den Bund ca. 5 cm nach außen schlagen.

TIPP: Immer schön locker bleiben
Beim Einstricken von Bordüren ist es besonders wichtig, die Fäden auf der Arbeitsrückseite immer locker mitlaufen zu lassen. Wird der Faden zu fest gespannt, ziehen sich die gestrickten Maschen auf der Vorderseite unschön zusammen. Außerdem verliert das Gestrickte seine Elastizität und die Socke dehnt sich beim Anziehen nicht ausreichend. Beim Farbwechsel die Fäden auf der Arbeitsrückseite miteinander verkreuzen, damit keine Löcher entstehen.

Socken mit Jacquardbordüre
Zählmuster

Indio-Socken mit Fransen
Zählmuster

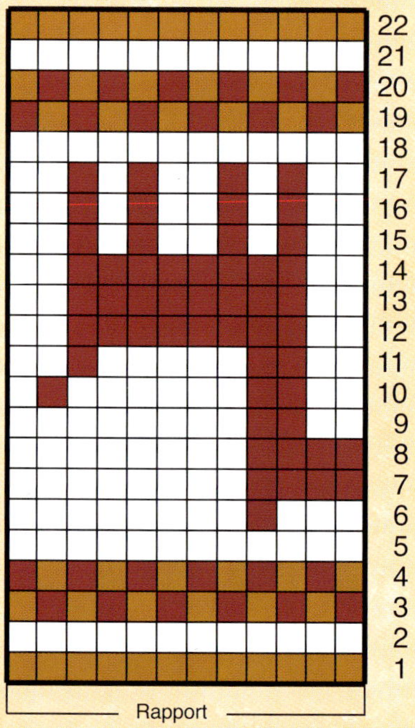

Handschuhstulpen

Variationen aus verschiedenen Effektgarnen

Schwierigkeit: *＊＊*

Materialbedarf:
„Meilenweit mouliné“ von Lana Grossa (80 % Schurwolle, 20 % Polyamid, LL = 210 m/50 g): 50 g Grau meliert 1178
oder „Pep“ von Lana Grossa (80 % Mikrofaser, 20 % Polyamid, LL = 110 m/ 50 g): 50 g Dunkelgrün 61
oder „Tocco“ von Lana Grossa (20 % Merino, 55 % Mikrofaser, LL = 160 m/ 50 g): 50 g Khaki 3
Nadel-Spiel Nr. 3

Glatt re: in Rd nur re M
Rippenmuster: 2 M re, 2 M li im Wechsel
Zopfmuster: Laut Strickschrift arb.
Die 1.-16. Rd stets wdh.
Maschenprobe, glatt re: 28 M und 40 R = 10 x 10 cm

So wird es gemacht:
Die Handschuhstulpen aus „Meilenweit“ und „Nuovo“ werden nach der gleichen Anleitung gestrickt.
Für die re Stulpe 50 M anschlagen (= 1. Nadel 16 M, 2.+3. Nadel je 10 M, 4. Nadel 14 M) und wie folgt stricken: 16 M Zopfmuster und 34 M Rippenmuster. Nach 40 Rd = 10 cm ab Anschlag mit dem Daumenkeil beginnen, dafür die 6. M der 2. Nadel markieren und gemäß den Handschuhregeln auf Seite 103 zunehmen, bis 17 M vorhanden sind. Diese Keil-M abketten, dafür 5 Steg-M neu anschlagen und nach den Handschuhregeln wieder abnehmen. Dann alle M abketten.
Die li Stulpe gegengleich arb, d. h., die sechstletzte M der 4. Nadel für den Daumenkeil markieren.

Die Handschuhstulpen aus „Pep“ werden ohne Zopfmuster gestrickt. Dafür je 48 M anschlagen (= 12 M pro Nadel) und ganz im Rippenmuster arb. Für den Daumenkeil die 2. M der 1. Nadel markieren. Beide Stulpen gleich arb.

Strickschrift

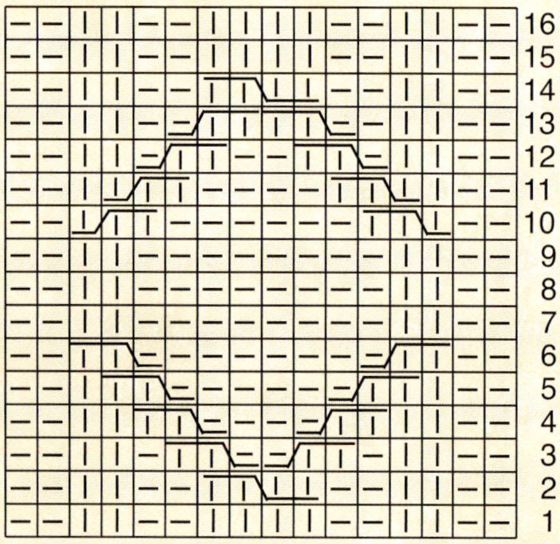

Zeichenerklärung:

| = 1 M re
– = 1 M li
= 2 M auf 1 Hilfs-Nadel vor die Arbeit legen, 2 M re, dann die M der Hilfs-Nadel re stricken
= 1 M auf 1 Hilfs-Nadel hinter die Arbeit legen, 2 M re, dann die M der Hilfs-Nadel li stricken
= 2 M auf 1 Hilfs-Nadel vor die Arbeit legen, 1 M li, dann die M der Hilfs-Nadel re stricken
= 1 M auf 1 Hilfs-Nadel hinter die Arbeit legen, 2 M re, dann die M der Hilfs-Nadel re stricken
= 2 M auf 1 Hilfs-Nadel vor die Arbeit legen, 1 M re, dann die M der Hilfs-Nadel re stricken

Warmes Rot gegen Winterkälte

Schal

***Schwierigkeit:* ***
Größe: 42 x 130 cm

Materialbedarf:
Dickes Schurwollmischgarn (LL ca. 70 m/50 g): 350 g Rot meliert
Schnellstrick-Nadel Nr. 7 und
Häkel-Nadel Nr. 7

Grundmuster:
1. R: Rand-M, *2 M re, 3 M li, ab * wdh, 2 M re, Rand-M
2. R: Rand-M, *2 M li, 3 M re, ab * wdh, 2 M li, Rand-M
Die 1. und 2. R stets wdh.
Häkelfransen: 1 feste M, *11 Lftm, in die 2. Lftm ab Nadel: 4 x 1 feste M und 1 Lftm im Wechsel, mit 1 Kett-M zum Kreis schließen, dann die restlichen Lftm mit Kett-M behäkeln, am Schal mit 3 bis 4 festen M zur nächsten re Rippe weitergehen, ab * wdh
Maschenprobe im Grundmuster:
14 M und 18 R = 10 x 10 cm

So wird es gemacht:
Anschlag 59 M und im Grundmuster stricken. Nach 130 cm ab Anschlag alle M abketten.
Nun an die Schalenden die Häkelfransen häkeln.

Mütze

***Schwierigkeit:* ***
Größe: 54–56 cm Kopfumfang

Materialbedarf:
Dickes Schurwollmischgarn (LL ca. 70 m/50 g): 150 g Rot meliert
Nadel-Spiel Nr. 7

Grundmuster: 2 M re und 3 M li im Wechsel
Maschenprobe im Grundmuster:
14 M und 18 R = 10 x 10 cm

So wird es gemacht:
Anschlag 75 M (= 1.-3. Nadel je 20 M, 4. Nadel 15 M) und im Grundmuster stricken. Nach 25 cm ab Anschlag die 1. und 2. M sowie jede folgende 14. und 15. M mit einem Faden markieren (jede 3. re Rippe). Nun für die Abnahmen jeweils die 1. markierte M mit der M davor re zusammenstricken und jede 2. markierte M mit der folgenden M überzogen zusammenstricken (= 1 M re abheben, 1 M re, dann die abgehobene M überziehen). Diese Abnahmen noch 2 x in jeder 2. Rd und 3 x in jeder Rd wdh. Restliche 15 M mit einem Faden zusammenziehen.
Den unteren Rand als Umschlag nach außen schlagen.

Gärtnerhandschuhe

Schwierigkeit:* *
Größe: 7–8

Materialbedarf:
„Meilenweit" von Lana Grossa (80 % Schurwolle, 20 % Polyamid, LL = 210 m/50 g): 50 g Weinrot 1323
Dickes Schurwollmischgarn (LL = 70 m/50 g): 50 g Rot meliert
Nadel-Spiel Nr. 3 und 7

Glatt re: in Rd nur re M
Rippenmuster: 1 M re, 1 M li im Wechsel
Grundmuster: 2 M re und 3 M li im Wechsel
Maschenprobe, glatt re mit „Meilenweit":
28 M und 40 R = 10 x 10 cm

So wird es gemacht:
Für den re Handschuh 56 M in Weinrot mit Nadel Nr. 3 anschlagen (= 14 M pro Nadel) und glatt re stricken. Nach 5 cm mit dem Daumenkeil beginnen, dafür die 2. M der Innenhand markieren und gemäß den Handschuhregeln auf Seite 103 zunehmen, jedoch nur in jeder 3. Rd. Wenn 15 Keil-M vorhanden sind, diese M stilllegen und dafür 5 Steg-M neu anschlagen. Die Steg-M in der 3. und 6. Rd gemäß den Handschuhregeln wieder abnehmen. Gerade weiterarb und nach 13 cm ab Anschlag mit den Fingern gemäß den Handschuhregeln beginnen.
Für den kleinen Finger die letzten 6 M der Innenhand sowie die ersten 6 M des Handrückens abstricken und für den Steg 2 M anschlagen = 14 M. Nach 3 cm die M abketten. Zu den restlichen M 2 M aus dem Steg auffassen = 46 M und noch 4 Rd stricken. Nun für den Ringfinger die letzten 8 M der Innenhand und die ersten 8 M des Handrückens abstricken und 2 M für den Steg anschlagen = 18 M. Für den Mittelfinger 7 M des Handrückens abstricken, 2 M für den Steg anschlagen, die folgenden 7 M der Innenhand abstricken und 2 M aus dem Steg auffassen = 18 M. Für den Zeigefinger die restlichen 16 M abstricken und 2 M aus dem Steg auffassen = 18 M. Alle Finger nach 4 cm abketten. Nun den Daumen gemäß den Handschuhregeln arb und ebenso nach 4 cm abketten.
Für die Fingerkappe 48 M in Weinrot anschlagen (= 12 M pro Nadel) und 1,5 cm Rippenmuster stricken, dann glatt re weiterarb. Nach 6,5 cm ab Anschlag die Spitze wie für Fäustlinge arb, dabei 3 x in jeder 2. Rd, dann in jeder Rd abnehmen. Die Fingerkappe auf dem Handrücken unterhalb der Fingeransätze annähen.
Für den Schaft aus dem Anschlagrand 30 M in Rot meliert mit Nadel Nr. 7 auffassen (= 1.+3. Nadel je 7 M, 2.+4. Nadel je 8 M) und im Grundmuster stricken. Nach 18 cm die M abketten.
Den li Handschuh gegengleich arb.

Indio Kinderset

Set aus drei Teilen

Materialbedarf: für alle Teile „Meilenweit" von Lana Grossa (80 % Schurwolle, 20 % Polyamid, LL = 210 m/50 g): ca. 300 g Orange Fb 1282, ca. je 50 g Rot Fb 1324, Weinrot Fb 1323, Dunkelblau Fb 1293 und Grün Fb 1322 Schnellstrick-Nadel Nr 4 Nadel-Spiel Nr. 2,5 und 3

Rippenmuster 1: 1 M re, 1 M li im Wechsel
Rippenmuster 2: 2 M re, 2 M li im Wechsel
Gl re: Hin-R re, Rück-R li; in Rd nur re M
Gr Perlmuster: 1 M re, 1 M li im Wechsel, nach jeder 2. R versetzen
Jacquardmuster: Glatt re laut Zählmuster in Norwegertechnik mit mehreren Knäueln arb, dabei den unbenutzten Faden stets locker auf der Arbeitsrückseite mitführen.
Lama: Nachträglich laut Zählmuster im M-Stich aufsticken.
Streifenmuster: 1 Rd je 1 M Rot und Grün im Wechsel, 2 Rd Orange, 1 Rd je 1 M Dunkelblau und Weinrot im Wechsel, 2 Rd Orange, 1 Rd je 1 M Weinrot und Rot im Wechsel, 2 Rd Orange, 1 Rd je 1 M Blau und Rot im Wechsel, weiter in Orange
Maschenprobe, gl re: 28 M und 40 R = 10 x 10 cm

Kindermütze

Schwierigkeit: **
Größe: ca 48-52 cm

So wird es gemacht:
Anschlag 132 M in Orange (= 33 M pro N) mit Nadel Nr 2,5 und 3 cm Rippenmuster 1 stricken. Anschließend mit Nadel Nr. 3 glatt re 1 Rd Orange, 48 Rd Jacquardmuster und weiter in Orange stricken. Nach dem Jacquardmuster in der 1. Rd verteilt 12 M abnehmen, dann jede 15. M mit einem Faden markieren. Für die Abnahmen 14x in jeder 2. Rd die markierte M mit der M davor re zusammenstricken. Restliche 8 M mit dem Faden zusammenziehen. Für die Ohrklappen je 32 M in Orange mit Nadel Nr. 3 anschlagen und glatt re stricken. Nach 6 cm ab Anschlag beidseitig in jeder 4. R 2 x 1, in jeder 2. R 4 x 1, 1 x 2, 1 x 3 und restliche 10 M abketten.
Zur Fertigstellung die Ohrklappen beidseitig unter den Bund nähen. Nun je einen Zopf an die Ohrklappen und Mützenspitze nähen. Für jeden Zopf 4 Fäden jeder Fb zu einem ca. 22 cm langen Zopf flechten.

Handschuhe

Schwierigkeit: **
Größe: ca. 4

So wird es gemacht:
Re Handschuh: Anschlag 44 M in Orange (= 11 M pro N) mit Nadel Nr 2,5 und 3 cm Rippenmuster 2 stricken. Die M der 1.+2. Nadel bilden die Innenhand, die M der 3.+4. Nadel den Handrücken. Nun die 1.-30. Rd und die 44.-48. Rd des Jacquardmusters arb, dabei zwischen den Lamas keine M in Orange stricken, das heißt der MS = 11 M. Danach glatt re in Orange weiterstricken, dabei in der 1. Rd für den Daumenkeil die 3. M der 1. N mit einem Faden markieren und beidseitig dieser M je 1 M zunehmen (= 1 M re verschränkt aus dem Quer-Faden herausstricken). Diese Zunahmen noch 7x in jeder 3. Rd wdh = 17 Keil-M. Diese M stilllegen und für den Steg 7 M neu anschlagen. Nach 2 Rd die Steg-M wie folgt wieder abnehmen: die ersten 2 M überzogen zusammenstricken (= 1 M re abheben, 1 M re, die abgehobene M überziehen), die letzten 2 M re zusammenstricken. Diese Abnahmen in jeder Rd wdh, bis wieder 44 M vorhanden sind. Nach 19 cm ab Bund für die Spitze in jeder 2. Rd wie folgt abnehmen: die 2.+3. M der 1. und 3. Nadel überzogen zusammenstricken (= 1 M re abheben, 1 M re, die abgehobene M überziehen) sowie die dritt- und zweitletzte M der 2. und 4. Nadel re zusammenstricken. Die letzten 8 M mit dem Faden zusammenziehen. Für den Daumen in Orange zu den stillgelegten M noch 7 M aus dem Steg auffassen, diese 24 M auf 3 Nadeln verteilen und glatt re stricken, dabei die Steg-M wie zuvor wieder abnehmen, dann laut Streifenmuster stricken. In gewünschter Höhe für die Spitze fortlaufend 2 M re zusammenstricken, restl M zusammenziehen. Den li Handschuh gegengleich arb.
Zum Schluss den re Handrücken wie folgt im M-Stich besticken: 5 Rd über dem Jacquardmuster 1 Linie aus je 1 M Grün und Rot im Wechsel, darüber mit 2 Rd Abstand 1 Lama in Weinrot, mit 2 Rd Abstand 1 Linie aus je 1 M Weinrot und Grün im Wechsel und mit 1 Rd Abstand 1 Lama gegengleich in Dunkelblau.
Den li Handrücken gegengleich besticken.

Schal

Schwierigkeit: **
Größe: ca. 135 cm lang

So wird es gemacht:
Anschlag 46 M in Orange doppelfädig mit Nadel Nr. 4 und im großen Perlmuster stricken. Nach 135 cm ab Anschlag oder der gewünschten Länge die M abketten: Für die Taschen je 60 cm in Orange mit Nadel Nr. 3 anschlagen und 48 R Jacquardmuster stricken, dabei nur je 4 Lamas einarb, restliche M in Orange bzw. Rot stricken. Dann die M abketten. Schließlich die Taschen auf die Schalenden nähen.

Zählmuster

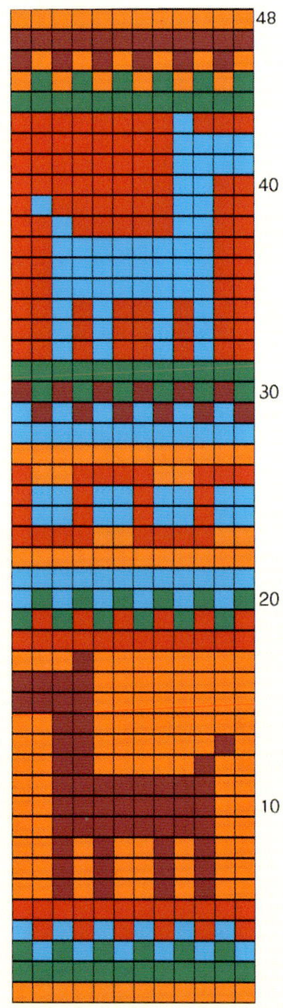

Zeichenerklärung:
1 Kästchen = 1 M + 1 Rd
= *Orange*
= *Grün*
= *Dunkelblau*
= *Rot*
= *Weinrot*

Hebemaschen – einfach dekorativ

Socken im Hebemaschenmuster in Beige-Braun

Schwierigkeit: **
Größe: 42/43

Materialbedarf:
„Meilenweit“ von Lana Grossa
(80 % Schurwolle, 20 % Polyamid,
LL = 210 m/50 g): je 50 g Hellbeige 1301
und Braun 1291
Nadel-Spiel Nr. 2,5

Rippenmuster: 2 M re, 2 M li im Wechsel
Bundmuster im Rippenmuster: 4 Rd Beige; 6 Rd: 2 M re in Braun und 2 M li in Beige im Wechsel, dabei den unbenutzten Faden stets locker auf der Arbeitsrückseite mitführen; 4 Rd Beige
Glatt re: Hin-R re M, Rück-R li M; in Rd nur re M
Kraus re: Hin- und Rück-R re M
Hebemaschenmuster: Laut Strickschrift arb. Die 1.-6. Rd 1 x arb, dann die 3.-6. Rd stets wdh. Die Buchstaben geben die zu strickende Fb an.
Maschenprobe, glatt re: 28 M und 40 R = 10 x 10 cm

So wird es gemacht:
Anschlag je 64 M in Beige (= 16 M pro Nadel) und das Bundmuster stricken, dabei in der letzten Rd auf der 2. und 3. Nadel je 1 M zunehmen = 66 M. Anschließend im Hebemaschenmuster weiterarb. Nach 16 cm ab Bund mit der Ferse in Beige beginnen und die Socken laut Lehrgang und Größentabelle auf den Seiten 100-102 weiterarb, dabei die äußeren je 3 M der Fersenwand kraus re stricken. Nach der Ferse im Hebemaschenmuster weiterarb, jedoch die M der 1. und 4. Nadel glatt re stricken. Nach 22,5 cm Fußlänge auf der 2. und 3. Nadel je 1 M abnehmen = 64 M und mit der Bandspitze in Beige beginnen. Dabei für die Abnahmen jeweils die dritt- und zweitletzte M der 1. und 3. Nadel re verschränkt zusammenstricken sowie die 2. und 3. M der 2. und 4. Nadel re zusammenstricken.

Socken im Hebemaschenmuster in Camel

Schwierigkeit: **
Größe: 40/41

Materialbedarf:
„Meilenweit“ von Lana Grossa
(80 % Schurwolle, 20 % Polyamid,
LL = 210 m/50 g): 100 g Camel 1290,
je 50 g Braun 1291 und Sand 1301
Nadel-Spiel Nr. 2,5

Rippenmuster: 1 M re, 1 M li im Wechsel
Glatt re: Hin-Reihe re M, Rück-Reihe li M; in Rd nur re M
Kraus re: Hin- und Rück-R re M; in Rd abwechselnd je 1 Rd li und re M
Streifenmuster: Laut Strickschrift 1 arb. Die 1.-9. Rd 1 x arb, dann die 2.-9. Rd stets wdh. Die Buchstaben geben die zu strickende Fb an.
Hebemaschenmuster: Laut Strickschrift 2 arb. Die 1.-8. Rd stets wdh. Die Buchstaben geben die zu strickende Fb an.
Maschenprobe, glatt re: 28 M und 40 R = 10 x 10 cm

So wird es gemacht:
Anschlag je 64 M in Camel (= 16 M pro Nadel) und für den Umschlag wie folgt stricken: 6 Rd kraus re in Camel, 17 Rd Streifenmuster und 6 Rd kraus re in Camel. Nun die Arbeit wenden und in Camel 4 cm Rippenmuster stricken, dann im Hebemaschenmuster weiterarb. Nach 15 cm ab Rippenmuster mit der Ferse in Camel beginnen und die Socken laut Lehrgang und Größentabelle auf den Seiten 100-102 weiterarb, dabei die äußeren je 3 M der Fersenwand kraus re stricken. Nach der Ferse die 1. M der 4. Nadel auf die 3. Nadel nehmen und im Streifenmuster ab der 2. Rd weiterarb, jedoch die M der 1. und 4. Nadel glatt re stricken. Nach 21,5 cm Fußlänge die letzte M der 3. Nadel wieder auf die 4. Nadel legen und mit der Bandspitze in Camel beginnen. Dabei für die Abnahmen jeweils die dritt- und zweitletzte M der 1. und 3. Nadel re verschränkt zusammenstricken sowie die 2. und 3. M der 2. und 4. Nadel re zusammenstricken. Den Umschlag nach außen schlagen.

Socken in Camel
Strickschrift 1

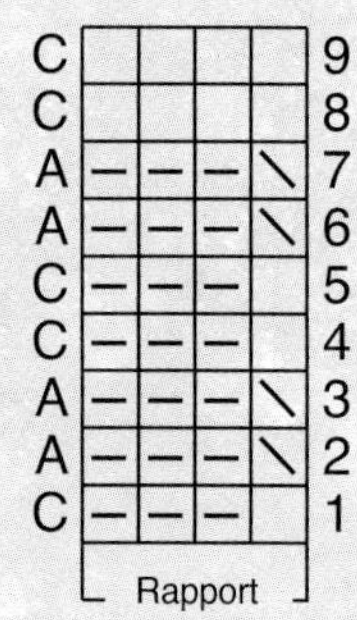

Strickschrift 2

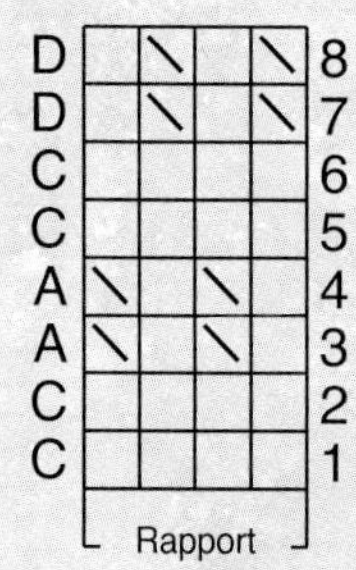

Socken in Beige-Braun
Strickschrift

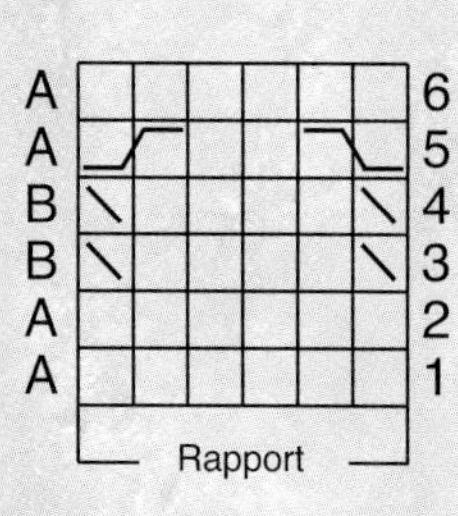

Zeichenerklärung:

A = Braun
B = Beige
C = Camel
D = Sand

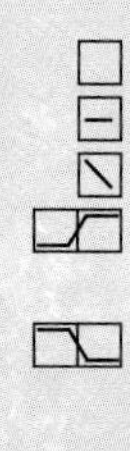

= 1 M re
= 1 M li
= 1 M li abheben, Faden liegt hinter der M
= 1 M auf 1 Hilfs-Nadel hinter die Arbeit legen, 1 M re, dann die M der Hilfs-Nadel re stricken
= 1 M auf 1 Hilfs-Nadel vor die Arbeit legen, 1 M re, dann die M der Hilfs-Nadel re stricken

Schön gemütlich: Hüttenschuhe

Damen-Hüttenschuhe

Schwierigkeit:* **
Größe: 38/39

Materialbedarf:
„Meilenweit Tweed" von Lana Grossa (80 % Schurwolle, 20 % Polyamid, LL = 210 m/50 g): 100 g Natur 106
Mittelstarkes Flauschgarn (LL = 80 m/50 g): 50 g Natur
Nadel-Spiel Nr. 3 und 4
1 Paar Sohlen für Hüttenschuhe in Größe 38/39 (im Fachhandel erhältlich)

Rippenmuster mit „Amica" und Nadel Nr. 4: 1 M re, 1 M li im Wechsel
Die folgenden Muster mit „Meilenweit" und Nadel Nr. 3 stricken!
Glatt re: Hin-R re M, Rück-R li M; in Rd nur re M
Kraus re: Hin- und Rück-R re M
Zopfmuster: Laut Strickschrift arb. In den geraden Rd alle M re stricken. Die 1.-20. Rd stets wdh.
Maschenprobe, glatt re: 28 M und 40 R = 10 x 10 cm

So wird es gemacht:
Anschlag je 40 M (= 10 M pro Nadel) und 11 cm Rippenmuster stricken. Anschließend im Zopfmuster weiterarb, dabei in der 1. Rd verteilt 24 M zunehmen = 64 M (= 16 M pro Nadel). Nach 42 Rd ab Bund mit der Ferse beginnen. Die Socken laut Lehrgang und Größentabelle auf den Seiten 100-102 weiterarb, dabei die äußeren je 2 M der Fersenwand kraus re stricken. Nach der Ferse im Zopfmuster weiterstricken und nach 20,5 cm Fußlänge verteilt 4 M abnehmen = 60 M und mit der Bandspitze beginnen.
Die Sohlen mit doppeltem Faden an die Socken nähen. Den Bund nach außen schlagen.

Kinder-Hüttenschuhe

***Schwierigkeit:* ***
Größe: 28/29

Materialbedarf:
Feines Schurwollgarn (LL= 210 m/50 g): 50 g Bunt
Mittelstarkes Flauschgarn (LL = 80 m/50 g): 50 g Pink
Nadel-Spiel Nr. 3
1 Paar Sohlen für Hüttenschuhe in Größe 28/29 (im Fachhandel erhältlich)

Glatt re: Hin-R re M, Rück-R li M; in Rd nur re M
Kraus re: Hin- und Rück-R re M
Patentmuster:
1. Rd: *1 M li, 1 M re, ab * wdh
2. Rd: *1 M li, 1 M mit 1 Umschlag li abheben, ab * wdh
3. Rd: *1 M li, die M mit dem Umschlag re zusammenstricken, ab * wdh
Die 2. und 3. Rd stets wdh.
Streifenfolge: *7 Rd mit „Meilenweit", 1 Rd mit „Amica", ab * wdh
Maschenprobe, glatt re mit „Meilenweit": 28 M und 40 R = 10 x 10 cm
So wird es gemacht:
Anschlag je 46 M mit „Meilenweit" (= 1.+3. Nadel je 11 M, 2.+4. Nadel je 12 M) und im Patentmuster gemäß Streifenfolge stricken. Nach 4 cm ab Anschlag die Arbeit für den Umschlag wenden und wie zuvor weiterarb.
Nach 14 cm ab Anschlag mit der Ferse beginnen und die Socken laut Lehrgang und Größentabelle auf den Seiten 100-102 weiterarb. Dabei die Ferse mit „Meilenweit" arb und die äußeren je 2 M der Fersenwand kraus re stricken. Nach der Ferse im Patentmuster gemäß Streifenfolge weiterstricken und nach 15 cm Fußlänge die Bandspitze mit „Meilenweit" beginnen.
Die Sohlen mit doppeltem Faden an die Socken nähen. Den Umschlag nach außen schlagen.

TIPP: So wird die Sohle angenäht
Mit Ledersohlen lassen sich aus jedem Paar dickerer Wollstrümpfe ganz leicht Hüttenschuhe machen. Die Sohlen sollten etwa eine Nummer größer sein als Ihr Strumpf, da das Gestrickte in der Sohle Platz wegnimmt.
Sohlen mit hochgebogenem Rand sind besonders praktisch, da sie die Wolle besser vor Schmutz und Nässe schützen. Vorgestanzte Löcher machen das Annähen einfacher.
Mit doppeltem Faden im Stepp-, Kreuz- oder Hexenstich ausgeführt, ist die Naht nicht nur besonders haltbar, sondern sieht auch dekorativ aus.

Damen-Hüttenschuhe
Strickschrift

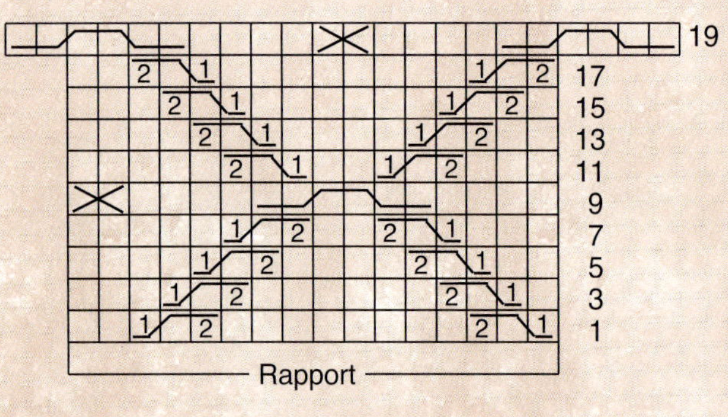

Zeichenerklärung:

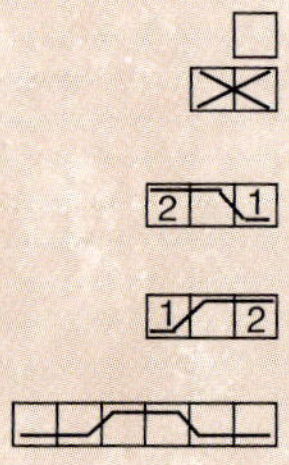

= 1 M re
= 2 M auf eine Hilfs-Nadel legen, den Faden 2 x um diese M wickeln, dann die M re abstricken
= 2 M auf 1 Hilfs-Nadel vor die Arbeit legen, 1 M re, dann die M der Hilfs-Nadel re stricken
= 1 M auf 1 Hilfs-Nadel hinter die Arbeit legen, 2 M re, dann die M der Hilfs-Nadel re stricken
= 2 M auf 1. Hilfs-Nadel hinter und 2 M auf 2. Hilfs-Nadel vor die Arbeit legen, 2 M re, nun die M der 2. Hilfs-Nadel, dann die M der 1. Hilfs-Nadel re stricken

Große Schal-Parade

Schal im Netzpatent

Schwierigkeit:* *
***Größe:* 30 x 150 cm**

Materialbedarf:
Mittelstarkes Wollmischgarn (LL ca. 90 m/50 g): 350 g Lila
Schnellstrick-Nadel Nr. 8

Netzpatent:
1. R (= Rück-R): Rand-M, *1 Umschlag, 1 M li abheben, 1 M re, ab * wdh, Rand-M
2. R (= Hin-R): Rand-M, *1 M re, die abgehobene M re abstricken, den Umschlag li abheben, ab * wdh, Rand-M
3. R: Rand-M, *den Umschlag mit der folgenden M re zusammenstricken, 1 Umschlag, 1 M li abheben, ab * wdh, Rand-M
4. R: Rand-M, *die abgehobene M re stricken, den Umschlag li abheben, 1 M re, ab * wdh, Rand-M
5. R: Rand-M, *1 Umschlag, 1 M li abheben, den Umschlag mit der folgenden M re zusammenstricken, ab * wdh, Rand-M
Die 2.-5. R stets wdh.
Maschenprobe im Netzpatent:
12 M und 32 R = 10 x 10 cm

So wird es gemacht:
Anschlag 36 M und im Netzpatent stricken. Nach 150 cm ab Anschlag alle M abketten. Vier dicke Quasten arb, dafür 20 cm lange Fäden zur Hälfte zusammenlegen und abbinden. Je eine Quaste an die Schalecken nähen.

Fransen-Schal

***Schwierigkeit:* ***
***Größe:* 28 x 150 cm**

Materialbedarf:
Mittelstarkes Mikrofasergarn (LL ca. 100 m/50 g): 200 g Lila
Schnellstrick-Nadel Nr. 6

Grundmuster:
1. R: re M
2.+3. R: *1 tiefer gestochene M (= 1 M re, jedoch 1 R tiefer einstechen), 1 M re, ab * wdh. Die 2. und 3. R stets wdh.
Maschenprobe im Grundmuster:
12 M und 28 R = 10 x 10 cm

So wird es gemacht:
Anschlag 34 M und zwischen den Rand-M im Grundmuster stricken. Nach 150 cm ab Anschlag alle M abketten.
In die Schalenden Fransen aus je vier 20 cm langen Fäden einknüpfen.

Schal im Ajourmuster

Schwierigkeit:* *
***Größe:* 26 x 170 cm**

Materialbedarf:
„Babykid" von Lana Grossa (57 % Superkid-Mohair, 43 % Mikrofaser, LL = 200 m/50 g): 150 g Magenta 7
Schnellstrick-Nadel Nr. 4,5

Wellenmuster: Laut Strickschrift 1 arb. In der Breite mit 1 Rand-M beginnen, den Rapport 5 x arb, mit der M nach dem Rapport und 1 Rand-M enden. Die 1.-8. R stets wdh.
Ajourmuster: Laut Strickschrift 2 arb. In der Breite mit 1 Rand-M beginnen, den Rapport 4 x arb, mit den 2 M nach dem Rapport und 1 Rand-M enden. Die 1.-12. R stets wdh.
Maschenprobe im Ajourmuster:
21 M und 23 R = 10 x 10 cm

So wird es gemacht:
Anschlag 53 M und wie folgt stricken: 34 R Wellenmuster, dabei in der letzten R verteilt 3 M zunehmen = 56 M, 330 R Ajourmuster, dabei in der letzten R verteilt 3 M abnehmen = 53 M, je 1 Hin- und Rück-R re M, 32 R Wellenmuster. Dann die M abketten.

Patentmuster-Schal in Pink

***Schwierigkeit:* ***
***Größe:* ca. 30 x 150 cm**

Materialbedarf:
„Pep" von Lana Grossa (80 % Mikrofaser, 20 % Polyamid, LL = 110 m/50 g): 200 g Magenta 71
Schnellstrick-Nadel Nr. 7

Patentmuster:
1. R: Rand-M, *1 M mit 1 Umschlag li abheben, 1 M re, ab * wdh, Rand-M
2. R: Rand-M, *1 M mit 1 Umschlag li abheben, die M mit dem Umschlag re zusammenstricken, ab * wdh, Rand-M
Die 2. R stets wdh.
Maschenprobe im Patentmuster:
13 M und 28 R = 10 x 10 cm

So wird es gemacht:
38 M anschlagen und nach 150 cm Patentmuster die M abketten.

Zeichenerklärung:

- □ = 1 M re
- < = 1 M re verschränkt
- – = 1 M li
- > = 1 M li verschränkt
- U = 1 Umschlag
- ⋀ = 2 M re zusammenstricken
- ∇ = 2 M li zusammenstricken
- ⋀ = 1 einfacher Überzug: 1 M re abheben, 1 M re stricken, dann die abgehobene M überziehen
- ⊿ = 2 M li verschränkt zusammenstricken
- ↑ = 2 M zusammen re abheben, 1 M re stricken, dann die abgehobenen M überziehen

Strickschrift 1

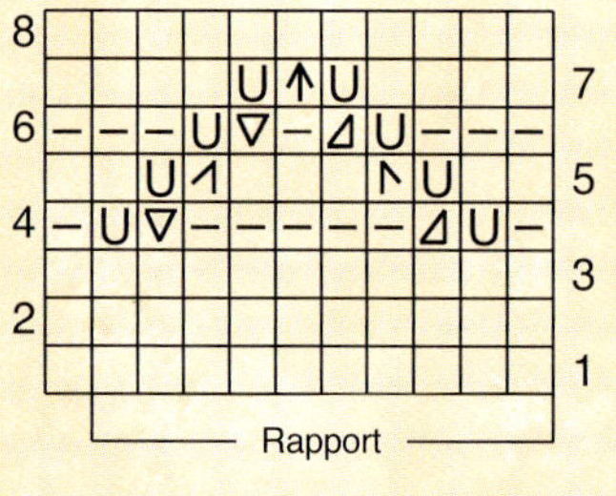

Strickschrift 2

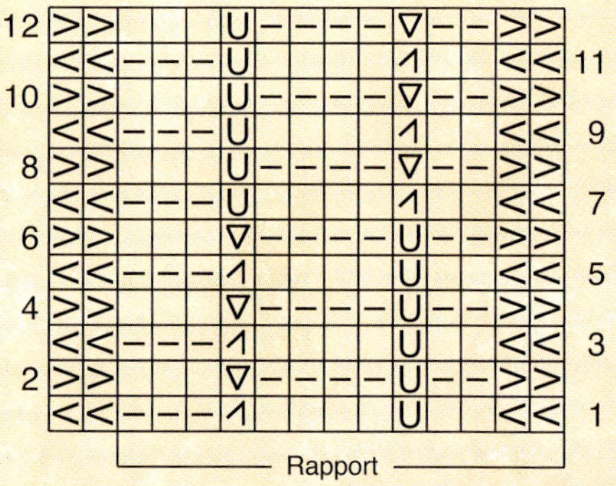

Niedliches Mi-Ma-Mause-Kinderset

Mäuse-Set

Schwierigkeit: ✻✻
Größen: Hut 50–54 cm Kopfumfang,

Schal 13 x 50 cm

Materialbedarf:
Dickes Noppengarn (LL ca. 65 m/50 g): 150 g Blau
„Superlana" von Lana Grossa (100 % Merino-Schurwolle, LL = 110 m/50 g): 100 g Pink 2, je 50 g Rosa 1 und Dunkelgrau 22
„Cool Wool" von Lana Grossa (100 % Merino extrafine, LL = 160 m/50 g): je 50 g Hellgrau 443 und Dunkelgrau 444
Schnellstrick-Nadel Nr. 4,
Nadel-Spiel Nr. 3,5 und Nr. 4,5 sowie Häkel-Nadel Nr. 6
etwas Füllwatte, für den Hut 60 cm Ripsband, für das Täschchen ein Stück Klettband

Grundmuster mit „Cin-Cin": In Spiral-Rd halbe Stäbchen häkeln ohne Rd-Anfang und -Ende. Zur besseren Übersicht den Rd-Übergang markieren. Für jede Zunahme 2 halbe Stäbchen in eine M arb und die Zunahmen gleichmäßig verteilen.
Glatt re: Hin-R re M, Rück-R li M; in Rd nur re M
Rippenmuster mit Nadel Nr. 4: 2 M re, 2 M li im Wechsel
Mäuse: In Rd gemäß den Zählmustern stricken (1.+2. Nadel ist die Vorderseite, 3.+4. Nadel ist die Rückseite), dabei wie eingezeichnet zu- und abnehmen.
Das Gesicht jeweils auf die Vorderseite sticken (siehe Stickschule auf Seite 106/107): Ohren und Augen im Maschenstich, Augenbrauen im Stielstich, eventuell mit geteiltem Faden. Für die Barthaare dunkelgraue Fäden einziehen, gut verknoten und auf 3 cm kürzen.
Maschenproben: Grundmuster mit „Cin-Cin": 11,5 M und 8 R = 10 x 10 cm; glatt re mit „Numero Uno": 22 M und 28 R = 10 x 10 cm

So wird es gemacht:

Hut
4 Lftm mit „Cin-Cin" anschlagen und mit 1 Kett-M zur Rd schließen, dann im Grundmuster häkeln. 1. Rd: 8 halbe Stäbchen in den Ring; 2. Rd: jede M verdoppeln = 16 M; 3. Rd: 24 M; 4. Rd: 36 M; 5. Rd: 48 M; 6.+7. Rd: 60 M; 8. Rd: für die Hutkante Relief-Stäbchen arb (= jedes halbe Stäbchen von hinten um das halbe Stäbchen der Vor-Rd); 9.-14. Rd: 60 M; 15. Rd: für die Hutkrempe Relief-Stäbchen arb (= jedes halbe Stäbchen von vorne um das halbe Stäbchen der Vor-Rd); 16. Rd: 75 M; 17. Rd: 90 M; 18.+19. Rd: 100 M; 20. Rd: den Hut wenden und 1 Rück-Rd Kett-M häkeln. Für die Maus aus „Cool Wool" 32 M in Hellgrau mit Nadeln Nr. 3,5 anschlagen (= 8 M pro Nadel) und laut Zählmuster 2 stricken, dabei die letzten 2 Rd in Dunkelgrau arb und die letzten 4 M zusammenziehen. Die Ohren in Pink, Augen und Augenbrauen in Dunkelgrau aufsticken. Maus mit Füllwatte ausstopfen, Anschlagrand schließen und Ohren etwas abnähen.
Den Hut anfeuchten, über einem Topf in Form ziehen und trocknen lassen. Das Ripsband auf Kopfumfang + 2 cm Nahtzugabe zuschneiden und innen an den Hut nähen. Die Hutkrempe seitlich nach außen schlagen und die Maus annähen.

Schal
Für die beiden Mäuse aus „Cool Wool" je 8 M in Dunkelgrau mit Nadeln Nr. 3,5 anschlagen (= 2 M pro Nadel) und laut Zählmuster 1 stricken, dabei ab der 3. Rd in Hellgrau arb. Nach 30 Rd ab Anschlag die mittleren je 12 M der Vorder- und Rückseite stilllegen und die Ohren über die restlichen M in R beenden.
Die Ohren in Pink, Augen und Augenbrauen in Dunkelgrau aufsticken. Maus mit Füllwatte ausstopfen, die obere Kante und Ohren im Maschenstich schließen. Die Ohren abnähen.
Für den Schal aus „Numero Uno" 44 M in Pink anschlagen und im Rippenmuster stricken. Nach 10 cm ab Anschlag die Arbeit in der Mitte teilen und über je 22 M ca. 6 cm (die Maus muss durch diese Öffnung passen) getrennt stricken. Nun wieder über alle M weiterarb und nach 50 cm ab Anschlag alle M abketten. Die Schalenden auf ca. 7 cm einhalten und die Mäuse annähen.

Täschchen
Eine Maus aus „Numero Uno" mit Nadeln Nr. 4,5 wie beim „Schal" arb, jedoch ab der 3. Rd in Pink stricken. Nach 30 Rd ab Anschlag die mittleren je 12 M der Vorder- und Rückseite abketten und die Ohren über die restlichen M in R beenden. Die restlichen je 8 M im Maschenstich verbinden. Die Ohren in Rosa, Augen und Augenbrauen in Dunkelgrau aufsticken. Ohren mit Füllwatte ausstopfen und abnähen. Barthaare auf 4 cm kürzen. Klettband in die Öffnung nähen.

Zählmuster 1

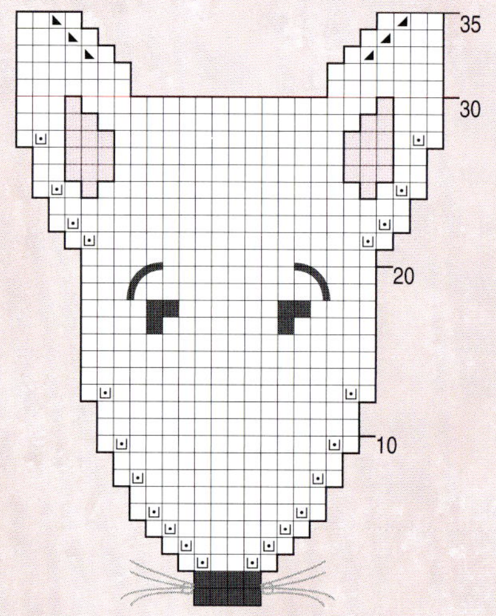

Zählmuster 2

Zeichenerklärung:
1 Kästchen = 1 M und 1 Rd

- ■ = 1 M re oder Maschenstich in Dunkelgrau
- □ = 1 M glatt re
- (rosa) = 1 Maschenstich
- ⊡ = aus dem Querfaden 1 M re verschränkt herausstricken
- ◢ = 2 M re zusammenstricken
- ◣ = 1 einfacher Überzug: 1 M re abheben, 1 M re stricken, dann die abgehobene M überziehen

Für die allerkleinsten Füßchen

Söckchen mit Mäusezähnchen in Rosa- oder Blautönen

***Schwierigkeit:* ***

Größe: 24/25

Materialbedarf:
Mittelstarkes Merino-Baumwoll-Mischgarn (LL ca. 130 m/50 g): je 50 g Weiß, Lachs, Gelb, Pink und Rosa oder je 50 g Weiß, Türkis, Blau, Hellblau und Mint
Nadel-Spiel Nr. 4

Glatt re: Hin-R re M, Rück-R li M; in Rd nur re M
Kraus re: Hin- und Rück-R re M
Mäusezähnchen: 2 M re zusammenstricken und 1 Umschlag im Wechsel
Maschenprobe, glatt re: 22 M und 30 R = 10 x 10 cm
Die Angaben für die Söckchen in Blautönen stehen in Klammern.

So wird es gemacht:
Anschlag je 36 M in Weiß (= 8 M pro Nadel) und für den Bund 6 Rd glatt re, 1 Rd Mäusezähnchen und 6 Rd glatt re stricken. Dann glatt re in Lachs (Türkis) weiterarbeiten.
Nach 9 cm ab Bund mit der Ferse in Pink (Hellblau) beginnen und die Söckchen laut Lehrgang und Größentabelle auf den Seiten 100-102 weiterarb. Dabei die äußeren je 3 M der Fersenwand kraus re stricken. Nach der Ferse in Gelb (Blau) weiterarb und nach 12,5 cm Fußlänge mit der Bandspitze in Rosa (Mint) beginnen.
Den Bund zur Hälfte nach innen säumen.

Babysöckchen im Halbpatent in 2 Farben

***Schwierigkeit:* ***

Größe: 22/23

Materialbedarf:
Mittelstarkes Merino-Baumwoll-Mischgarn (LL ca. 130 m/50 g): je 50 g Weiß, Lachs, Gelb, Pink und Rosa oder je 50 g Weiß, Türkis, Blau, Hellblau und Mint
Nadel-Spiel Nr. 4

Glatt re: Hin-R re M, Rück-R li M; in Rd nur re M
Kraus re: Hin- und Rück-R re M
Halbpatent:
1. Rd: *1 M li, 1 M mit 1 Umschlag li abheben, ab * wdh
2. Rd: *1 M li, die M mit dem Umschlag re zusammenstricken, ab * wdh
Die 1. und 2. Rd stets wdh.
Farbfolge 1: *je 2 Rd Pink, Rosa, Weiß, Gelb und Lachs, ab * wdh
Farbfolge 2: *je 2 Rd Blau, Mint, Weiß, Hellblau und Türkis, ab * wdh
Maschenprobe, Halbpatent: 20 M und 48 R = 10 x 10 cm
Die Angaben für die Söckchen in Blautönen stehen in Klammern.

So wird es gemacht:
Anschlag je 32 M in Pink (Blau) (= 8 M pro Nadel) und im Halbpatent laut Farbfolge 1 (2) stricken. Nach 10 cm ab Anschlag mit der Ferse beginnen und die Söckchen laut Lehrgang und Größentabelle auf den Seiten 100-102 weiterstricken. Dabei die Ferse glatt re laut Farbfolge 1 (2) arb und die äußeren je 3 M der Fersenwand kraus re stricken. Nach der Ferse im Halbpatent laut Farbfolge 1 (2) weiterarb und nach 11 cm Fußlänge mit der Bandspitze glatt re laut Farbfolge 1 (2) beginnen.

Babyschühchen in Rosa oder Blau

***Schwierigkeit:* * ***

Größe: 20/21

Materialbedarf:
Mittelstarkes Merino-Baumwoll-Mischgarn (LL ca. 130 m/50 g): je 50 g Weiß, Lachs, Gelb, Pink und Rosa oder je 50 g Weiß, Türkis, Blau, Hellblau und Mint
Nadel-Spiel Nr. 4

Glatt re: Hin-R re M, Rück-R li M; in Rd nur re M
Kraus re: Hin- und Rück-R re M
Rippenmuster:
1. Rd: *2 M re, 2 M li, ab * wdh
2.+3. Rd: *2 M li abheben, Faden liegt dabei hinter der Arbeit, 2 M li, ab * wdh
Die 1.-3. Rd stets wdh.
Farbfolge 1: *je 3 Rd Lachs, Weiß, Rosa, Gelb und Pink, ab * wdh
Farbfolge 2: *je 3 Rd Mint, Weiß, Hellblau, Türkis und Blau, ab * wdh
Loch-Rd: *2 M re zusammenstricken, 1 Umschlag, ab * wdh
Maschenprobe, glatt re: 22 M und 30 R = 10 x 10 cm
Die Angaben für die Söckchen in Blautönen stehen in Klammern.

So wird es gemacht:
Anschlag je 32 M in Lachs (Mint) (= 8 M pro Nadel) und im Rippenmuster laut Farbfolge 1 (2) stricken. Nach 12 cm ab Anschlag die Arbeit wenden und in Rosa (Hellblau) 1 Rd re M, 1 Loch-Rd und 1 Rd re M arb, dann mit der Ferse in Gelb (Blau) beginnen. Die Schühchen laut Lehrgang und Größentabelle auf den Seiten 100-102 weiterarb, dabei die äußeren je 3 M der Fersenwand kraus re stricken. Nach der Ferse glatt re in Rosa (Hellblau) weiterarb und nach 9,5 cm Fußlänge mit der Bandspitze in Pink (Türkis) beginnen. Den Schaft zur Hälfte nach außen umschlagen. Je eine 50 cm lange Kordel in Rosa (Hellblau) aus 6 Fäden drehen, durch die Loch-Rd ziehen und vorne zur Schleife binden.

Ein cooles Team: Ajour und Baumwolle

Ajourrautensocken in Weiß oder Pink

Schwierigkeit:* *
Größe: 36/37

Materialbedarf:
„Meilenweit Cotton" von Lana Grossa (45 % Baumwolle, 42 % Schurwolle, 13 % Polyamid, LL = 190 m/50 g): 100 g Weiß 1 oder Pink 55
Nadel-Spiel Nr. 2,5 und
Häkel-Nadel Nr. 2,5

Glatt re: Hin-R re M, Rück-R li M; in Rd nur re M
Kraus re: Hin- und Rück-R re M
Ajourrautenmuster: Laut Strickschrift arb. In den geraden Rd alle M und Umschläge re stricken. Die 1.-12. Rd stets wdh.
Mäusezähnchen: 2 M re zusammenstricken und 1 Umschlag im Wechsel
Häkelborte: 68 Lftm anschlagen und mit 1 Kett-M zur Rd schließen. Jede Rd mit 1 Kett-M schließen.
1. Rd: 3 Lftm (= 1. Stäbchen), *1 Lftm, 1 M übergehen, 1 Stäbchen, ab * wdh, 1 Lftm
2. Rd: 1 Lftm (= 1. feste M), *5 Lftm, 3 M übergehen, 1 feste M, ab * wdh, 5 Lftm
3. Rd: mit 3 Kett-M zur Mitte des folgenden Lftm-Bogens vorgehen, *5 Lftm, 1 feste M in den folgenden Lftm-Bogen, ab * wdh, 5 Lftm
4. Rd: auf jeden Lftm-Bogen 2 feste M, 1 Picot (= 3 Lftm, 1 feste M in die 1. Lftm) und 2 feste M
Maschenprobe, glatt re: 28 M und 40 R = 10 x 10 cm

So wird es gemacht:

Socken in Weiß
Anschlag je 60 M (= 15 M pro Nadel) und für den Saum 6 Rd glatt re, 1 Rd Mäusezähnchen und 6 Rd glatt re stricken. Dann im Ajourrautenmuster weiterarb. Nach 14 cm ab Saum mit der Ferse beginnen und die Socken laut Lehrgang und Größentabelle auf den Seiten 100-102 weiterarb. Dabei die äußeren je 2 M der Fersenwand kraus re stricken. Nach der Ferse die M der 1. und 4. Nadel glatt re, die M der 2. und 3. Nadel im Ajourrautenmuster weiterarb, dabei in der 11. Rd des Musters am Anfang statt des Umschlags 1 re M und am Ende anstelle des doppelten Überzugs 1 einfachen Überzug arb. Nach 19,5 cm Fußlänge mit der Bandspitze beginnen.
Den Saum zur Hälfte nach innen säumen. Die Häkelborte häkeln und unter den Saum nähen.

Socken in Pink
Wie die weißen Socken arb, jedoch ohne die Häkelborte.

Ajoursocken mit Rollrand in Weiß oder Orange

Schwierigkeit:* *
Größe: 38/39

Materialbedarf:
„Meilenweit Cotton" von Lana Grossa (45 % Baumwolle, 42 % Schurwolle, 13 % Polyamid, LL = 190 m/50 g): 100 g Weiß 1 oder Orange 42
Zwei Nadel-Spiele Nr. 2,5

Rippenmuster: 1 M re, 1 M li im Wechsel
Glatt re: Hin-R re M, Rück-R li M; in Rd nur re M
Kraus re: Hin- und Rück-R re M
Ajourmuster: Laut Strickschrift arb. In den geraden Rd alle M und Umschläge re stricken. Die 1.-14. Rd stets wdh.
Maschenprobe, glatt re: 28 M und 40 R = 10 x 10 cm

So wird es gemacht:

Socken in Weiß
Für den 1. Rollrand 60 M anschlagen (= 15 M pro Nadel) und 24 Rd glatt re stricken, dann die M stilllegen. Den 2. Rollrand ebenso arb, jedoch bereits nach 22 Rd die M über den 1. Rollrand schieben und je 1 M beider Nadel-Spiele re zusammenstricken. Nun 5 Rd Rippenmuster stricken, dann im Ajourmuster weiterarb. Nach 56 Rd ab Rippenmuster mit der Ferse beginnen und die Socken laut Lehrgang und Größentabelle auf den Seiten 100-102 weiterarb. Dabei die äußeren je 2 M der Fersenwand kraus re stricken. Nach der Ferse die M der 1. und 4. Nadel glatt re, die M der 2. und 3. Nadel im Ajourmuster weiterarb, dabei auf der 2. Nadel 1 M zunehmen = 61 M. Nach 20,5 cm Fußlänge auf der 2. Nadel 1 M abnehmen und mit der Bandspitze beginnen.
Beide Socken gleich arb.

Socken in Orange
Wie die weißen Socken arb, jedoch mit einfachem Rollrand. D. h., je 60 M anschlagen, 24 Rd glatt re und 5 Rd Rippenmuster stricken, dann im Ajourmuster weiterarb.

Ajourrautensocken in Weiß oder Pink Strickschrift

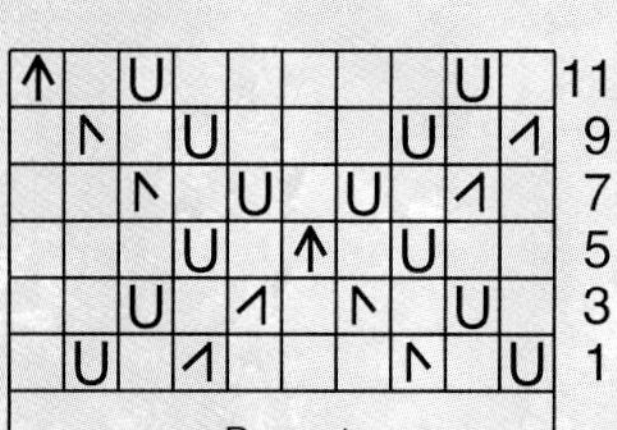

Ajoursocken mit Rollrand in Weiß oder Orange Strickschrift

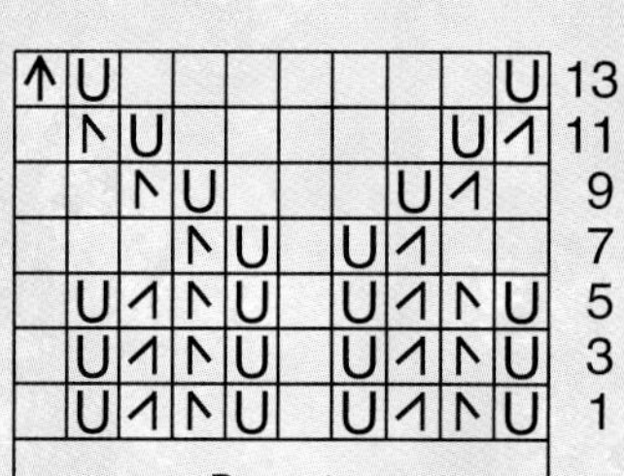

Zeichenerklärung:

☐ = 1 M re
U = 1 Umschlag
⁄| = 2 M re zusammenstricken
|\ = 1 einfacher Überzug: 1 M re abheben, 1 M re stricken, dann die abgehobene M überziehen
↑ = 1 doppelter Überzug: 1 M re abheben, 2 M re zusammenstricken, dann die abgehobene M überziehen

Gut kombiniert: Mustermix in Natur

Socken mit Wabenzöpfen in zwei Farbvarianten

Schwierigkeit: **
Größe: 44/45

Materialbedarf:
„Meilenweit Cotton" von Lana Grossa (45 % Baumwolle, 42 % Schurwolle, 13 % Polyamid, LL = 190 m/50 g):
150 g Natur 24
oder „Meilenweit Cotton Fun" von Lana Grossa (45 % Baumwolle, 42 % Schurwolle, 13 % Polyamid, LL = 190 m/50 g):
150 g Hellgrau 9
Nadel-Spiel Nr. 2,5 und 3

Rippenmuster mit Nadel Nr. 2,5: 2 M re, 2 M li im Wechsel
Die folgenden Muster mit Nadel Nr. 3 stricken!
Glatt re: Hin-R re M, Rück-R li M; in Rd nur re M
Kraus re: Hin- und Rück-R re M
Zopfmuster: Laut Strickschrift arb. In den geraden Rd die M stricken, wie sie erscheinen. Die 1.-8. Rd stets wdh.
Maschenprobe, glatt re: 28 M und 40 R = 10 x 10 cm

So wird es gemacht:
Anschlag je 64 M (= 16 M pro Nadel) und 5 cm Rippenmuster stricken, dabei in der letzten Rd verteilt 12 M zunehmen = 76 M (= 19 M pro Nadel). Dann im Zopfmuster weiterarb. Nach 18 cm ab Bund auf der 1. und 4. Nadel verteilt 4 M abnehmen und über 34 M mit der Ferse beginnen. Die Socken laut Lehrgang und Größentabelle auf den Seiten 100-102 weiterstricken, dabei die äußeren je 3 M der Fersenwand kraus re stricken. Nach der Ferse über den äußeren Zöpfen der 2. und 3. Nadel je 2 M abnehmen, dann die letzten 10 M der 2. Nadel sowie die ersten 10 M der 3. Nadel im Zopfmuster fortsetzen und restliche M glatt re stricken. Die Zwickelabnahmen so oft wdh, bis insgesamt 68 M vorhanden sind. Nach 23 cm Fußlänge mit der Bandspitze beginnen.

Zopfmustersocken in Beige

Schwierigkeit: **
Größe: 40/41

Materialbedarf:
„Meilenweit Cotton" von Lana Grossa (45 % Baumwolle, 42 % Schurwolle, 13 % Polyamid, LL = 190 m/50 g):
150 g Beige 18
Nadel-Spiel Nr. 2 und 2,5

Perlmuster: 1 M re, 1 M li im Wechsel, in jeder Rd versetzen
Glatt re: Hin-R re M, Rück-R li M; in Rd nur re M
Kraus re: Hin- und Rück-R re M
Zopfmuster: Laut Strickschrift arb. Die 1.-6. Rd stets wdh.
Maschenprobe, glatt re: 28 M und 40 R = 10 x 10 cm

So wird es gemacht:
Anschlag je 64 M (= 16 M pro Nadel) und für den Bund 4 cm Perlmuster stricken, dabei in der letzten Rd verteilt 12 M zunehmen = 76 M (= 19 M pro Nadel). Dann im Zopfmuster weiterarb. Nach 17 cm ab Bund verteilt 12 M abnehmen = 64 M und mit der Ferse beginnen. Die Socken laut Lehrgang und Größentabelle auf den Seiten 100-102 weiterstricken, dabei die äußeren je 3 M der Fersenwand kraus re arb. Nach der Ferse die M der 2. und 3. Nadel im Perlmuster, die M der 1. und 4. Nadel glatt re stricken. Nach 21,5 cm Fußlänge mit der Bandspitze beginnen, dabei für die Abnahmen jeweils die dritt- und zweitletzte M der 1. und 3. Nadel re verschränkt zusammenstricken sowie die 2. und 3. M der 2. und 4. Nadel re zusammenstricken.

Socken mit Wabenzöpfen
Strickschrift

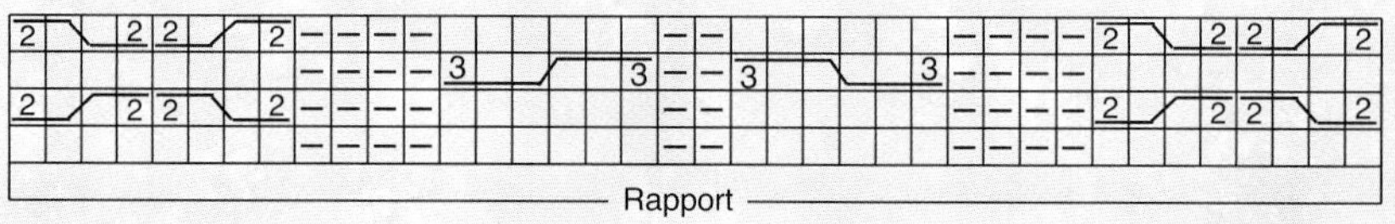

Zopfmustersocken in Beige
Strickschrift

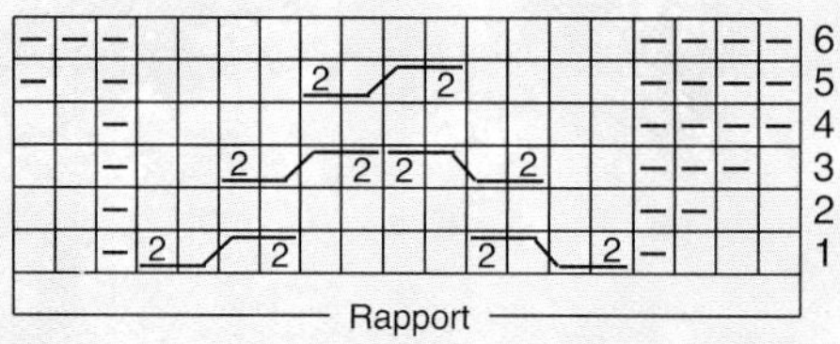

Zeichenerklärung:

□ = 1 M re
⊟ = 1 M li
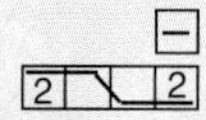 = 2 M auf 1 Hilfs-Nadel vor die Arbeit legen, 2 M re, dann die M der Hilfs-Nadel re stricken
 = 2 M auf 1 Hilfs-Nadel hinter die Arbeit legen, 2 M re, dann die M der Hilfs-Nadel re stricken
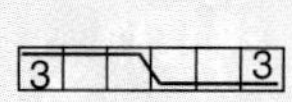 = 3 M auf 1 Hilfs-Nadel vor die Arbeit legen, 3 M re, dann die M der Hilfs-Nadel re stricken
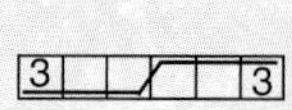 = 3 M auf 1 Hilfs-Nadel hinter die Arbeit legen, 3 M re, dann die M der Hilfs-Nadel re stricken

Socken – indisch inspiriert

Socken mit Elefanten und Pailletten

Schwierigkeit:* *
Größe: 30/31

Materialbedarf:
„Meilenweit Cotton" von Lana Grossa (45 % Baumwolle, 42 % Schurwolle, 13 % Polyamid, LL = 190 m/50 g): je 50 g Gelb 43, Rot 40, Orange 42 und Blau 38
Nadel-Spiel Nr. 2,5
26 Randlochpailletten in Kupfer, 20 mm Durchmesser

Rippenmuster: 2 M re, 2 M li im Wechsel
Glatt re: Hin-R re M, Rück-R li M; in Rd nur re M
Kraus re: Hin- und Rück-R re M
Einstrickmuster: Laut Zählmuster in Norwegertechnik mit mehreren Knäueln arb, dabei den unbenutzten Faden stets locker auf der Arbeitsrückseite mitführen.
Streifenmuster: *2 Rd Blau, 1 Rd Gelb, 2 Rd Rot und 1 Rd Orange, ab * wdh
Maschenprobe, glatt re:
28 M und 40 R = 10 x 10 cm

So wird es gemacht:
Anschlag je 52 M in Blau (= 13 M pro Nadel) und für den Bund 6 cm Rippenmuster stricken. Dann glatt re 10 Rd Gelb, 16 Rd Einstrickmuster (dabei in der 1. Rd 1 M abnehmen und in der 12. Rd wieder zunehmen) und weiter im Streifenmuster arb.

Nach 35 Rd ab Bund mit der Ferse in Gelb beginnen und die Socken laut Lehrgang und Größentabelle auf den Seiten 100-102 weiterstricken, dabei die äußeren je 3 M der Fersenwand kraus re stricken. Nach der Ferse das Streifenmuster fortsetzen. Nach 16 cm Fußlänge mit der Bandspitze in Gelb beginnen. Den Bund zur Hälfte nach außen schlagen und an den Anschlagrand verteilt je 13 Pailletten nähen.

Einstricksocken mit Spiegelchen

Schwierigkeit:* *
Größe: 33/34

Materialbedarf:
„Meilenweit Cotton" von Lana Grossa (45 % Baumwolle, 42 % Schurwolle, 13 % Polyamid, LL = 190 m/50 g): je 50 g Rot 40, Gelb 43, Orange 42 und Blau 38
Nadel-Spiel Nr. 2,5
Je 7 kleine Indien-Spiegel in Orange und Gelb

Glatt re: Hin-R re M, Rück-R li M; in Rd nur re M
Glatt li: in Rd nur li M
Kraus re: Hin- und Rück-R re M
Einstrickmuster: Laut Zählmuster in Norwegertechnik mit mehreren Knäueln arb, dabei den unbenutzten Faden stets locker auf der Arbeitsrückseite mitführen.
Streifenmuster: *1 Rd Rot, 3 Rd Gelb, 1 Rd Blau, 3 Rd Gelb, 1 Rd Orange und 3 Rd Gelb, ab * wdh
Maschenprobe, glatt re:
28 M und 40 R = 10 x 10 cm

So wird es gemacht:
Anschlag je 56 M in Rot (= 14 M pro Nadel) und für den Rollrand 8 Rd glatt li stricken. Dann glatt re 40 Rd Einstrickmuster arb und im Streifenmuster weiterstricken. Nach 44 Rd ab Rollrand mit der Ferse in Blau beginnen und die Socken laut Lehrgang und Größentabelle auf den Seiten 100-102 weiterstricken, dabei die äußeren je 3 M der Fersenwand kraus re stricken. Nach der Ferse das Streifenmuster fortsetzen. Nach 17,5 cm Fußlänge mit der Bandspitze in Blau beginnen. Abwechselnd je einen gelben und orangefarbenen Spiegel auf die blauen Rauten nähen.

TIPP: Immer locker bleiben
Beim Einstricken von Bordüren ist es besonders wichtig, die Fäden auf der Arbeitsrückseite immer locker mitlaufen zu lassen. Wird der Faden zu fest gespannt, ziehen sich die gestrickten Maschen auf der Vorderseite unschön zusammen. Außerdem verliert das Gestrickte seine Elastizität und die Socke dehnt sich beim Anziehen nicht ausreichend. Beim Farbwechsel die Fäden auf der Arbeitsrückseite miteinander verkreuzen, damit keine Löcher entstehen.

Socken mit Elefanten und Pailletten
Zählmuster

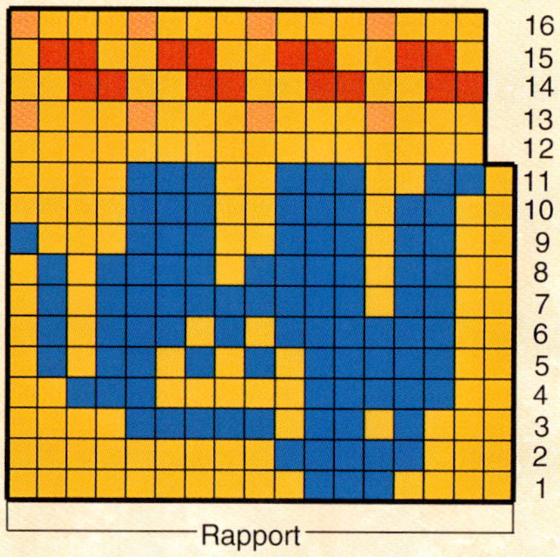

Einstricksocken mit Spiegelchen
Zählmuster

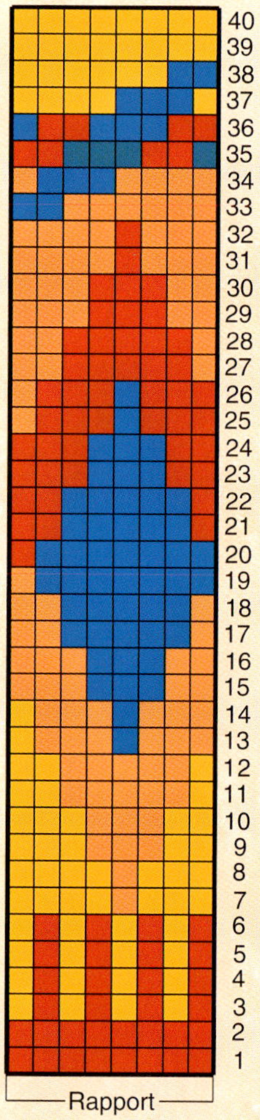

Zeichenerklärung:

- = Rot
- = Gelb
- = Orange
- = Blau

Folklore-Set, dekorativ bestickt

Folklore-Kinderset

Schwierigkeit:* *

Größe: 8-10 Jahre
Mütze 52-54 cm Kopfumfang

Materialbedarf:
„Bingo" von Lana Grossa (100 % Schurwolle, LL = 80 m/50 g): 200 g Blau 90, je 50 g Hellblau 43, Rot 20 und Gelb 67
Rundstricknadel, Schnellstricknadeln und Nadel-Spiel Nr. 4,5 sowie Häkelnadel Nr. 4,5 und 8

Glatt re: Hin-R re M, Rück-R li M; in Rd nur re M
Kraus re in Hellblau: Hin- und Rück-R re M; in Rd abwechselnd je 1 Rd re und li M
Ajourmuster in Blau: Laut Strickschrift arb. In R mit Rand-M und den M vor dem Rapport beginnen, den Rapport stets wdh, enden mit den M nach dem Rapport und Rand-M. In den Rück-R alle M und Umschläge li stricken. In Rd den Rapport stets wdh und in den geraden Rd alle M und Umschläge re stricken.
Musterfolge 1: 1.-6. Rd Ajourmuster, 2 Rd kraus re, 16 Rd glatt re in Blau, 2 Rd kraus re, 1.-12. Rd Ajourmuster
Musterfolge 2: 7.-12. R Ajourmuster, 2 R kraus re, je 2 R glatt re in Blau, Rot, Gelb, Hellblau, Blau, Rot, Gelb und Blau, 2 R kraus re, 1.-12. R Ajourmuster, 2 R glatt re in Blau, 2 R kraus re, 22 R glatt re in Blau, 2 R kraus re, 10 R glatt re in Blau
Blüten: Abwechselnd gemäß den Vorlagen im Spannstich aufsticken (siehe Stickschule auf Seite 107).
Maschenprobe, glatt re: 18 M und 26 R = 10 x 10 cm

So wird es gemacht:

Mütze
96 M in Blau mit dem Nadel-Spiel anschlagen (= 24 M pro Nadel) und gemäß Musterfolge 1 stricken. Danach glatt re weiterarb, dabei in der 1., 5. und 8. Rd immer 2 M re zusammenstricken. Restliche 12 M mit dem Faden zusammenziehen.

8 Blüten gleichmäßig verteilt auf den glatt re Streifen sticken. In die Mützenmitte 10 bunte Fransen (je 4 Fäden à 15 cm) dicht einknüpfen. Beidseitig ca. 11 cm ab hinterer Mitte 12 bunte Fäden in den Mützenrand einziehen, jeweils zum Zopf flechten und die Enden verknoten, fertige Länge ca. 28 cm.

Tasche
51 M in Blau mit den Schnellstricknadeln anschlagen und die Musterfolge 2 stricken, dann die M abketten. Zwei gleiche Teile arb. Die Seitennähte schließen und den Abkettrand mit festen M zusammenhäkeln. In die Unterkante bunte Fransen (je 4 Fäden à 25 cm) einknüpfen. Auf den mittleren glatt re Streifen je 3 Blüten sticken. Für den Riemen eine ca. 70 cm lange, dicke Lftm-Kette mit Nadel Nr. 8 aus allen vier Farben häkeln, die Enden verknoten und seitlich annähen.

Schal
235 M in Blau mit der Rundstricknadel anschlagen, dann die 7.-12. R Ajourmuster und 2 R kraus re stricken.
Nun glatt re in Blau weiterarb, dabei für die Verbreiterung in der Mitte mit verkürzten R arb. Dafür nach den mittleren 5 M wenden, 5 M li, wenden, 12 M re, wenden, 19 M li, wenden, so fortfahren, dabei beidseitig nacheinander je 1 x 8, 12, 16, 20 und 25 M mehr in Arbeit nehmen. Die Arbeit stets mit 1 Umschlag wenden.
Dann wieder über alle M noch 22 R glatt re stricken, dabei die Umschläge jeweils mit der M davor bzw. danach zusammenstricken, damit keine Löcher entstehen.
In Hellblau mit 2 R kraus re enden, dabei die M abketten.

Auf die Verbreiterung in der Schalmitte 3 Blüten und beidseitig auf die Schalenden je 1 Blüte sticken. Die Schmalseiten zwischen den kraus re Streifen sowie den Abkettrand in Hellblau mit 1 R feste M behäkeln, die Schmalseiten zusätzlich noch mit 1 R Krebs-M (= feste M von li nach re).

An die vier Ecken sowie in die untere Mitte je 1 dicken Zopf (12 cm Länge) aus allen 4 Farben flechten und die Enden verknoten.

Strickschrift

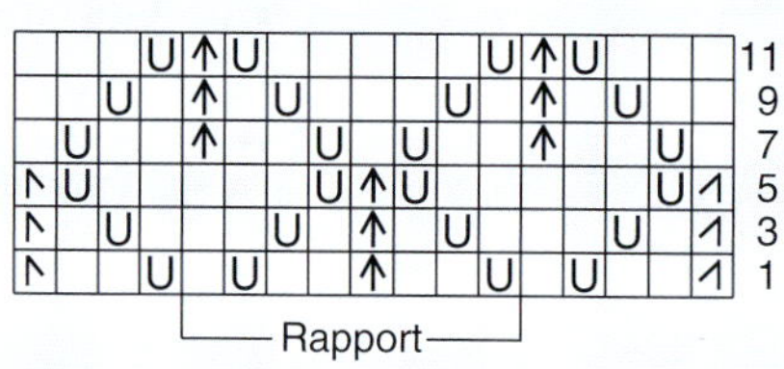

Zeichenerklärung:

- □ = 1 M re
- U = 1 Umschlag
- ◿ = 2 M re zusammenstricken
- ◸ = 1 einfacher Überzug: 1 M re abheben, 1 M re, die abgehobene M überziehen
- ↑ = 3 M re verschränkt zusammenstricken

Vorlagen für Blütenmotive

Socken im irischen Mustermix

Blaue Mustersocken

***Schwierigkeit:* * ***
Größe: 31/32

Materialbedarf:
„Meilenweit" von Lana Grossa
(80 % Schurwolle, 20 % Polyamid,
LL = 210 m/50 g): 100 g Blau 1294
Nadel-Spiel Nr. 2,5

Glatt re: Hin-R re M, Rück-R li M; in Rd nur re M
Kraus re: Hin- und Rück-R re M
Zopfstreifenmuster: Laut Strickschrift arb. In den geraden Rd die M stricken, wie sie erscheinen, re verschränkte M re verschränkt arb. Die 1.-26. Rd stets wdh.
Großes Perlmuster: 1 M re, 1 M li im Wechsel, nach jeder 2. Rd versetzen
Maschenprobe, glatt re: 28 M und 40 R = 10 x 10 cm

So wird es gemacht:
Anschlag je 68 M (= 17 M pro Nadel) und für den Rollrand 4 cm glatt re stricken, dann im Zopfstreifenmuster weiterarb. Nach 14 cm ab Rollrand verteilt 12 M abnehmen = 56 M (= 14 M pro Nadel) und mit der Ferse beginnen. Die Socken laut Lehrgang und Größentabelle auf den Seiten 100-102 weiterstricken, dabei die äußeren je 3 M der Fersenwand kraus re stricken. Nach der Ferse die M der 2. und 3. Nadel im großen Perlmuster, die M der 1. und 4. Nadel glatt re weiterarb. Nach 16,5 cm Fußlänge mit der Bandspitze beginnen, dabei für die Abnahmen jeweils die dritt- und zweitletzte M der 1. und 3. Nadel re verschränkt zusammenstricken sowie die 2. und 3. M der 2. und 4. Nadel re zusammenstricken.

Hellblaue Mustersocken

***Schwierigkeit:* * * ***
Größe: 26/27

Materialbedarf:
„Meilenweit" von Lana Grossa
(80 % Schurwolle, 20 % Polyamid,
LL = 210 m/50 g): 100 g Hellblau 1314
Nadel-Spiel und Häkelnadel Nr. 2,5

Glatt re: Hin-R re M, Rück-R li M; in Rd nur re M
Kraus re: Hin- und Rück-R re M; in Rd abwechselnd je 1 Rd li und re M
Noppen-Zopfmuster: Laut Strickschrift arb. Die 1.-12. Rd stets wdh.
Noppe: aus 1 M 5 M herausstricken (= 1 M re, 1 Umschlag im Wechsel), 3 R kraus re stricken, dann die 5 M re verschränkt zusammenstricken
Maschenprobe, glatt re: 28 M und 40 R = 10 x 10 cm

So wird es gemacht:
Anschlag je 56 M (= 14 M pro Nadel) und für den Bund 6 Rd kraus re stricken, dann verteilt 4 M zunehmen = 60 M (= 15 M pro Nadel) und im Noppen-Zopfmuster weiterarb. Nach 48 Rd ab Bund die ersten 3 M der 2. Nadel auf die 1. Nadel sowie die ersten 2 M der 4. Nadel auf die 3. Nadel legen.

Nun mit der Ferse beginnen, dabei in der 1. R auf der 1. und 4. Nadel verteilt 5 M abnehmen = 26 M. Die Socken laut Lehrgang und Größentabelle auf den Seiten 100-102 weiterstricken, dabei die äußeren je 3 M der Fersenwand kraus re stricken. Nach der Ferse die M der 1. und 4. Nadel glatt re, die M der 2. und 3. Nadel wie zuvor, jedoch ohne Verzopfungen und Noppen weiterarb, dabei in der 1. Rd über den li M jeweils 1 M abnehmen (= 2 M li zusammenstricken), so dass nach den Zwickelabnahmen auf der 1. und 4. Nadel 26 M und auf der 2. und 3. Nadel 27 M vorhanden sind.

Nach 13,5 cm Fußlänge mit der Bandspitze beginnen, dabei für die Abnahmen jeweils die dritt- und zweitletzte M der 1. und 3. Nadel re verschränkt zusammenstricken sowie die 2. und 3. M der 2. und 4. Nadel re zusammenstricken.

Den Anschlagrand mit 1 Rd Picots behäkeln: *1 feste M, 3 Lftm, 1 feste M in die 1. Lftm, 1 M übergehen, ab * wdh, Rd mit 1 Kett-M schließen.

TIPP: Zwei in einem Rutsch
Kaufen Sie zwei gleiche Nadel-Spiele, dann können Sie beide Socken Schritt für Schritt parallel arbeiten. So wird das Paar auch ohne Notizen zu Reihen- und Maschenzahlen, Zu- und Abnahmen garantiert identisch und Sie brauchen sich in jeden Schritt nur einmal einzudenken.

Blaue Mustersocken
Strickschrift

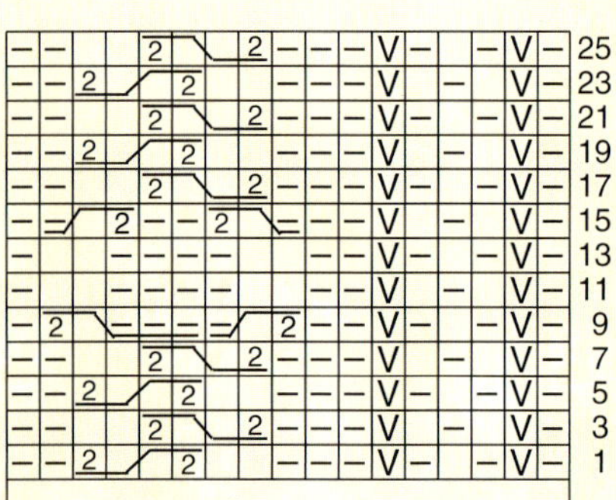

Hellblaue Mustersocken
Strickschrift

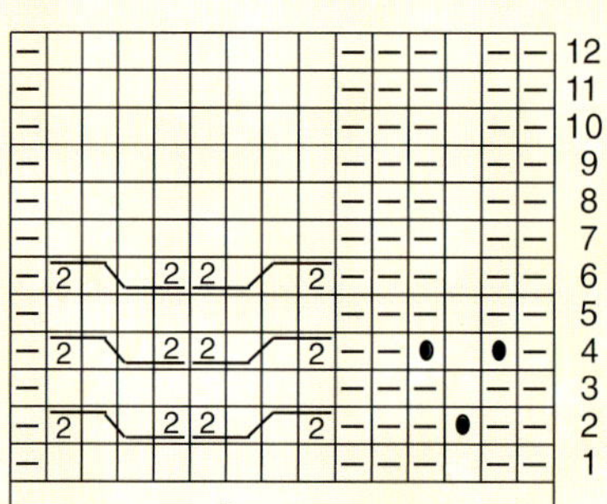

Zeichenerklärung:

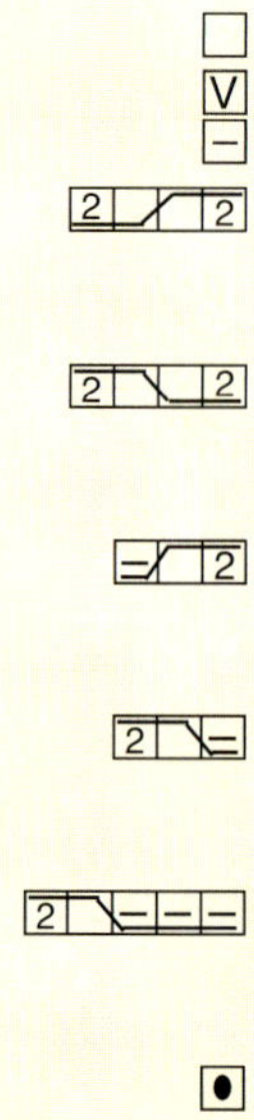

= 1 M re
= 1 M re verschränkt
= 1 M li
= 2 M auf 1 Hilfsnadel hinter die Arbeit legen, 2 M re, die M der Hilfsnadel re stricken
= 2 M auf 1 Hilfsnadel vor die Arbeit legen, 2 M re, die M der Hilfsnadel re stricken
= 1 M auf 1 Hilfsnadel hinter die Arbeit legen, 2 M re, die M der Hilfsnadel li stricken
= 2 M auf 1 Hilfsnadel vor die Arbeit legen, 1 M li, die M der Hilfsnadel re stricken
= 2 M auf 1 Hilfsnadel vor die Arbeit legen, 3 M li, die M der Hilfsnadel re stricken
= 1 Noppe, siehe Text

A

Musterstarkes Kinderset

Hellblaues Kinderset im Aranmuster

Schwierigkeit: ***
Größe: 5-7 Jahre

Mütze 48-50 cm Kopfumfang, Fäustlinge 3

Materialbedarf:
„Cool Wool" von Lana Grossa (100 % Merino extrafein, LL = 160 m/50 g): für die Mütze 100 g, für den Schal 200 g und für die Fäustlinge 50 g Hellblau 430
Nadel-Spiel Nr. 3 und 3,5

Glatt re: in Rd nur re M
Glatt li: in Rd nur li M
Rippenmuster: 2 M re, 2 M li im Wechsel
Strickkordel: 6 M anschlagen und re stricken, *die M an das andere Ende der Nadel zurückschieben, den Faden auf der Rückseite mitführen und 6 M re stricken, ab * wdh. Nach einigen R die Kordel in die Länge ziehen, damit sich die M besser verteilen.
Aranmuster für Baskenmütze: Laut Strickschrift 1 arb. In den geraden Rd die M stricken, wie sie erscheinen, Noppen-M li, Umschläge li verschränkt arb.
Aranmuster für Schal und Fäustlinge: Laut Strickschrift 2 arb. In den geraden Rd die M stricken, wie sie erscheinen, Noppen-M li arb.
Noppe: Aus 1 M 5 M herausstricken (= 1 M re, 1 Umschlag im Wechsel), 4 R glatt re stricken, dann die 4.-1. M über die 5. M ziehen.

Strickschrift 1

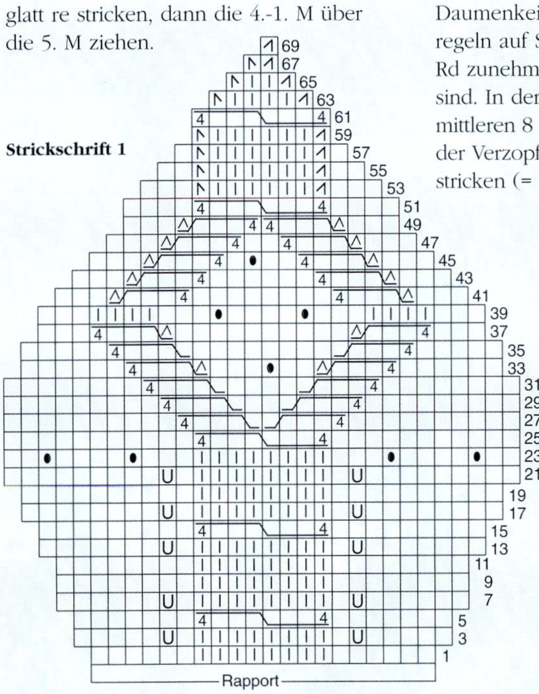

Maschenprobe im Musterdurchschnitt: mit Nadel Nr. 3: 32 M und 40 R = 10 x 10 cm; mit Nadel Nr. 3,5: 31,5 M und 35,5 R = 10 x 10 cm

So wird es gemacht:
Baskenmütze
Für den unteren Rand eine Strickkordel mit Nadel Nr. 3 über 160 R arb und zum Ring schließen. Dann aus dem Seitenrand 160 M mit Nadel Nr. 3 auffassen (= 40 M pro Nadel) und im Aranmuster stricken, dabei gemäß Strickschrift zu- und abnehmen. Nach 70 Rd über die restlichen 8 M noch 2,5 cm glatt re stricken, dann die M mit dem Arbeitsfaden zusammenziehen.

Schal
88 M mit Nadel Nr. 3,5 anschlagen (= 22 M pro Nadel) und im Aranmuster 1 x die 1.-48. Rd, 25 x die 1.-10. Rd, dann 1x die 1.-48. Rd und 1x die 1.-10. Rd stricken. Danach (= 100 cm ab Anschlag) alle M abketten.
Die Schmalseiten schließen und Fransen aus je fünf 20 cm langen Fäden einknüpfen.

Fäustlinge
Für den re Fäustling 40 M mit Nadel Nr. 3 anschlagen (= 10 M pro Nadel) und 10 cm Rippenmuster stricken, dann wie folgt weiterarb: 1. und 4. Nadel je 9 M glatt li, 2. und 3. Nadel je 11 M = 22 M Aranmuster. Nach 8 Rd ab Bund den Daumenkeil gemäß den Handschuhregeln auf Seite 103 arb. Dafür in jeder 2. Rd zunehmen, bis 11 Keil-M vorhanden sind. In der 43. Rd ab Bund über den mittleren 8 Aranmuster-M gleichzeitig mit der Verzopfung 4 x 2 M re zusammenstricken (= 9 M pro Nadel).
Glatt li weiterarb und mit der Spitze gemäß den Handschuhregeln beginnen. Dafür auf der 2. und 4. Nadel stets die 1. M re stricken und die folgenden 2 M überzogen zusammenstricken (= 1 M re abheben, 1 M re, die abgehobene M überziehen) sowie auf der 1. und 3. Nadel die dritt- und zweitletzte M re zusammenstricken und die letzte M re arb, die übrigen M weiter glatt li stricken. Nun den Daumen gemäß den Handschuhregeln glatt li arb und nach 4,5 cm beenden.
Den li Fäustling gegengleich arb.

Zeichenerklärung:

☐ = 1 M re
| = 1 M li
U = 1 Umschlag
◿ = 2 M re zusammenstricken
◺ = 1 einfacher Überzug: 1 M re abheben, 1 M re, die abgehobene M überziehen
4 ... 4 = 4 M auf 1 Hilfsnadel vor die Arbeit legen, 4 M re, die M der Hilfsnadel re stricken
... 4 = 1 M auf 1 Hilfsnadel hinter die Arbeit legen, 4 M re, die M der Hilfsnadel li stricken
△ ... 4 = 2 M auf 1 Hilfsnadel hinter die Arbeit legen, 4 M re, die M der Hilfsnadel li zusammenstricken
4 ... = 4 M auf 1 Hilfsnadel vor die Arbeit legen, 1 M li, die M der Hilfsnadel re stricken
4 ... △ = 4 M auf 1 Hilfsnadel vor die Arbeit legen, 2 M li zusammenstricken, die M der Hilfsnadel re stricken
● = 1 Noppe, siehe Text

Strickschrift 2

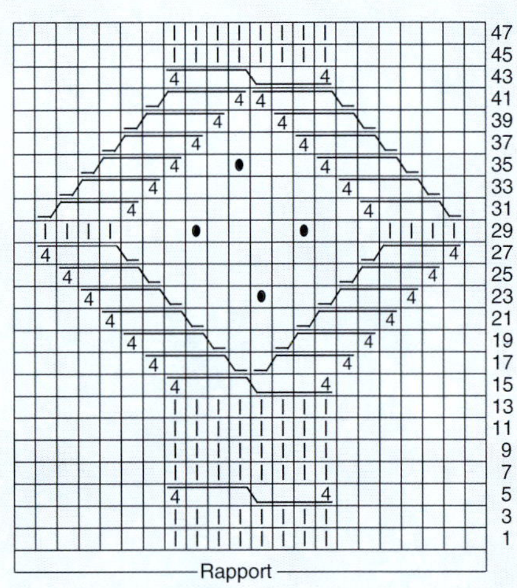

Spitzenzarte Ajoursöckchen

Ajoursocken mit hellblauer Borte

Schwierigkeit: **
Größe: 28/29

Materialbedarf:
„Meilenweit Cotton" von Lana Grossa
(45 % Baumwolle, 42 % Schurwolle,
13 % Polyamid, LL = 190 m/50 g):
100 g Weiß 1 und 50 g Hellblau 37
Zwei Nadel-Spiele Nr. 2

Glatt re: Hin-R re M, Rück-R li M; in Rd nur re M
Kraus re: Hin- und Rück-R re M; in Rd abwechselnd je 1 Rd re und li M
Ajourmuster: Laut Strickschrift 1 arb. In den geraden Rd die M stricken, wie sie erscheinen, Umschläge re stricken. Die 1.-8. Rd stets wdh.
Glockenmuster: Laut Strickschrift 2 arb. Den gezeichneten Rapport stets wdh.
Mäusezähnchen: 2 M re zusammenstricken, 1 Umschlag im Wechsel
Maschenprobe, glatt re:
28 M und 40 R = 10 x 10 cm

So wird es gemacht:
Zunächst für die Glockenborten je 144 M in Hellblau anschlagen (= 36 M pro Nadel) und das Glockenmuster stricken, dann die restlichen 48 M der Borte stilllegen. Nun für die Socken je 52 M in Weiß anschlagen (= 13 M pro Nadel) und für den Bund 6 Rd glatt re, 1 Rd Mäusezähnchen und 6 Rd glatt re stricken. In der folgenden Rd je eine M mit der darunter liegenden M des Anschlags re zusammenstricken, so dass ein Saum entsteht.

Nun die Glockenborte über die Arbeit schieben – mit der li Seite nach außen – und je 1 M beider Nadel-Spiele re zusammenstricken, dabei an der Borte verteilt 4 x 1 M aus dem Querfaden auffassen. Anschließend im Ajourmuster weiterarb.

Nach 48 Rd ab Saum mit der Ferse beginnen und die Socken laut Lehrgang und Größentabelle auf den Seiten 100-102 weiterstricken, dabei die äußeren je 3 M der Fersenwand kraus re stricken. Nach der Ferse die M der 1. und 4. Nadel glatt re und die M der 2. und 3. Nadel kraus re weiterstricken. Nach 15 cm Fußlänge mit der Bandspitze beginnen, dabei die M der 2. und 3. Nadel weiter kraus re arb. Für die Abnahmen jeweils die dritt- und zweitletzte M der 1. und 3. Nadel re verschränkt zusammenstricken sowie die 2. und 3. M der 2. und 4. Nadel re zusammenstricken.

Weiße Ajoursocken

Schwierigkeit: **
Größe: 32/33

Materialbedarf:
„Meilenweit Cotton" von Lana Grossa
(45 % Baumwolle, 42 % Schurwolle,
13 % Polyamid, LL = 190 m/50 g):
100 g Weiß 1
Zwei Nadel-Spiele Nr. 2

Glatt re: Hin-R re M, Rück-R li M; in Rd nur re M
Kraus re: Hin- und Rück-R re M
Ajourmuster: Laut Strickschrift 3 arb. In den geraden Rd die M und Umschläge re stricken. Die 1.-12. Rd stets wdh.
Glockenmuster: Laut Strickschrift 2 arb. Den gezeichneten Rapport stets wdh.
Mäusezähnchen: 2 M re zusammenstricken, 1 Umschlag im Wechsel
Maschenprobe, glatt re:
28 M und 40 R = 10 x 10 cm

So wird es gemacht:
Zunächst für die Glockenborten je 156 M anschlagen (= 1.-3. Nadel je 36 M, 4. Nadel 48 M) und das Glockenmuster stricken, dann die restlichen 52 M der Borte stilllegen.

Nun für die Socken je 56 M anschlagen (= 14 M pro Nadel) und für den Bund 7 Rd glatt re, 1 Rd Mäusezähnchen und 7 Rd glatt re stricken. In der folgenden Rd je eine M mit der darunter liegenden M des Anschlags re zusammenstricken, so dass ein Saum entsteht.

Nun die Glockenborte über die Arbeit schieben – mit der li Seite nach außen – und je 1 M beider Nadel-Spiele re zusammenstricken, dabei an der Borte verteilt 4 x 1 M aus dem Querfaden auffassen. Anschließend im Ajourmuster weiterarb.

Nach 48 Rd ab Saum glatt re weiterstricken und mit der Ferse beginnen. Die Socken laut Lehrgang und Größentabelle auf den Seiten 100-102 weiterstricken, dabei die äußeren je 3 M der Fersenwand kraus re stricken.

Nach 17 cm Fußlänge mit der Bandspitze beginnen, dabei für die Abnahmen jeweils die dritt- und zweitletzte M der 1. und 3. Nadel re verschränkt zusammenstricken sowie die 2. und 3. M der 2. und 4. Nadel re zusammenstricken.

Zeichenerklärung:

□ = 1 M re
– = 1 M li
U = 1 Umschlag
⋀ = 2 M re zusammenstricken
<2 = 2 M re verschränkt zusammenstricken
∇3 = 3 M re zusammenstricken
↑ = 1 doppelter Überzug: 1 M re abheben, 2 M re zusammenstricken, die abgehobene M überziehen

Ajoursocken mit hellblauer Borte
Strickschrift 1

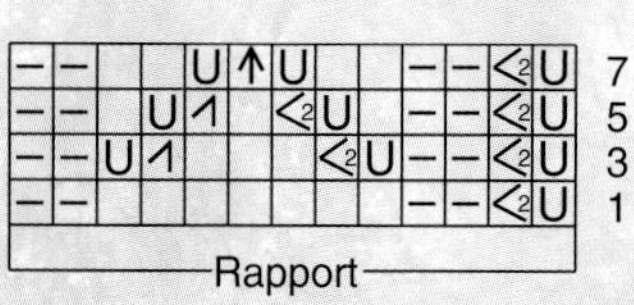

Strickschrift 2

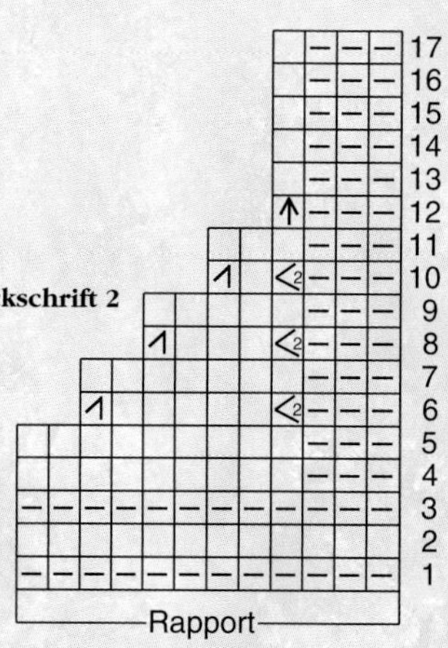

Weiße Ajoursocken
Strickschrift 3

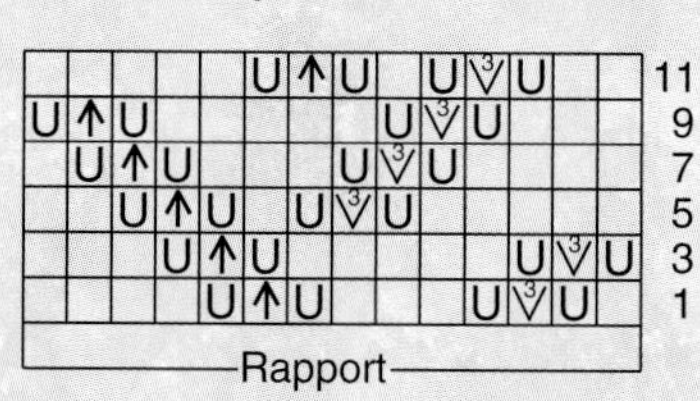

Bordürensocken in Bestform

Marinesocken mit Bordüren

Schwierigkeit: **
Größe: 28/29

Materialbedarf:
„Meilenweit" von Lana Grossa
(80 % Schurwolle, 20 % Polyamid,
LL = 210 m/50 g): je 50 g Rot 1323,
Blau 1294 und Weiß 1101
Nadel-Spiel Nr. 2,5

Rippenmuster: 2 M re, 2 M li im Wechsel
Farbfolge: 3 Rd Rot, *1 Rd Blau, 3 Rd Rot, 1 Rd Weiß und 3 Rd Rot, ab * 1 x wdh
Glatt re: Hin-R re M, Rück-R li M; in Rd nur re M
Kraus re: Hin- und Rück-R re M
Bordüre A und B: Laut Zählmuster A und B in Norwegertechnik mit mehreren Knäueln arb, dabei den unbenutzten Faden stets locker auf der Arbeitsrückseite mitführen. In der Breite den Rapport stets wdh und bei Zählmuster B mit den ersten 4 M des Rapports enden.
Streifenmuster: *2 Rd Blau, 1 Rd Rot, 2 Rd Blau und 1 Rd Weiß, ab * wdh
Musterfolge: 8 Rd Bordüre A, 14 Rd Streifenmuster, 8 Rd Bordüre B, 14 Rd Streifenmuster, dabei nach den ersten 2 Rd Blau 1 Rd Weiß arb; 8 Rd Bordüre A beginnend mit der 5. Rd, dann weiter im Streifenmuster
Maschenprobe, glatt re: 28 M und 40 R = 10 x 10 cm

So wird es gemacht:
Anschlag je 52 M in Rot (= 13 M pro Nadel) und 19 Rd Rippenmuster laut Farbfolge stricken. Dann glatt re gemäß Musterfolge weiterarb.

Nach 52 Rd ab Bund mit der Ferse in Rot beginnen und die Socken laut Lehrgang und Größentabelle auf den Seiten 100-102 weiterstricken. Dabei die äußeren je 3 M der Fersenwand kraus re stricken.

Nach der Ferse die Musterfolge fortsetzen und nach 15 cm Fußlänge mit der Bandspitze in Rot beginnen.

Marinesocken mit Karostreifen

Schwierigkeit: **
Größe: 28/29

Materialbedarf:
„Meilenweit" von Lana Grossa
(80 % Schurwolle, 20 % Polyamid,
LL = 210 m/50 g): je 50 g Rot 1323,
Blau 1294 und Weiß 1101
Nadel-Spiel Nr. 2,5

Bundmuster:
1. Rd: 2 M re, 2 M li im Wechsel
2. Rd: *die 2. M hinter der 1. M re, dann die 1. M re, 2 M li, ab * wdh
Die 1. und 2. Rd stets wdh.
Farbfolge: 7 Rd Blau, 4 Rd Weiß, 4 Rd Rot und 6 Rd Blau
Glatt re: Hin-R re M, Rück-R li M; in Rd nur re M
Kraus re: Hin- und Rück-R re M
Karostreifen: *4 Rd Blau, 4 Rd mit je 5 M Weiß und Rot im Wechsel; 4 Rd Blau, 4 Rd mit je 5 M Rot und Weiß im Wechsel, ab * wdh. In Norwegertechnik mit mehreren Knäueln arb, dabei den unbenutzten Faden stets locker auf der Arbeitsrückseite mitführen.
Musterfolge: je 1 Rd Rot, Weiß und Rot, 44 Rd Karostreifen, je 1 Rd Rot, Weiß und Rot
Maschenprobe, glatt re: 28 M und 40 R = 10 x 10 cm

So wird es gemacht:
Anschlag je 52 M in Blau (= 13 M pro Nadel) und 21 Rd Bundmuster laut Farbfolge stricken.

Anschließend glatt re 1 x die Musterfolge arb, dann mit der Ferse in Blau beginnen. Die Socken laut Lehrgang und Größentabelle auf den Seiten 100-102 weiterstricken, dabei die äußeren je 3 M der Fersenwand kraus re stricken.

Nach der Ferse nochmals die Musterfolge arb, dabei je nach Fußlänge mehr oder weniger Karostreifen stricken.

Nach 15 cm Fußlänge mit der Bandspitze in Blau beginnen.

TIPP: SO ERRECHNEN SIE DIE RICHTIGE GRÖSSE
Ist in der Anleitung eine andere Größe angegeben, als Sie stricken wollen? Kein Problem, mit unserer Größentabelle auf Seite 102 ist das Umrechnen ganz einfach. Dort finden Sie genaue Angaben darüber, welche Maße und wie viele Maschen Sie für welche Größe stricken müssen. Einzige Voraussetzung: Sie müssen die Maschenprobe, die in jeder Anleitung genannt wird, einhalten.
Wie viele Maschen Sie anschlagen müssen, wie breit die Fersenwand ist und über wie viele Reihen sie gestrickt wird, die Maschenzahl für das Käppchen, die Maschenaufnahme, wenn Sie nach der Ferse wieder in Runden stricken, und die Fußlänge vom Käppchenbeginn bis zum Beginn der Spitze – all diese Angaben finden Sie für Ihre Wunschgröße in der Tabelle.
Die Länge des Schaftes bitte entsprechend anpassen: Stricken Sie eine größere Größe als in der Anleitungen angegeben, vor Fersenbeginn einige zusätzliche Runden einplanen, arbeiten Sie eine kleinere Größe, entsprechend weniger Runden stricken.

Zeichenerklärung:

= Weiß
= Blau
= Rot

Marinesocken mit Bordüren
Zählmuster A

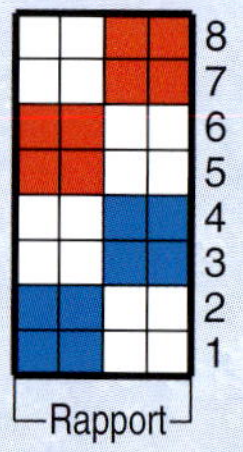

Zählmuster B

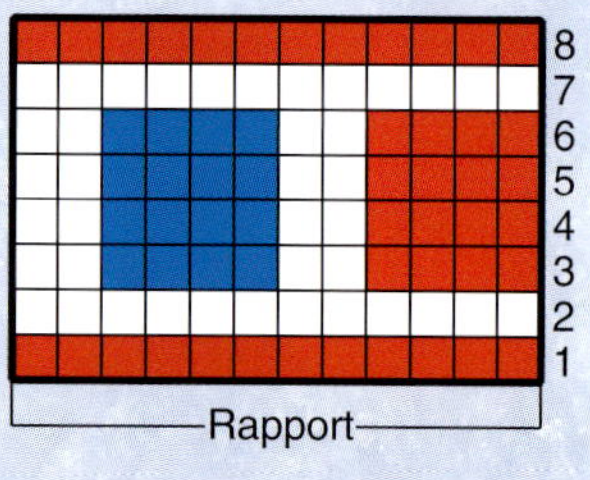

KOH-I-NOOR HARDTMUTH Mondeluz

Marine-Ringel für Jungs und Mädels

Marine-Kinderset

Schwierigkeit: *
Größe: 6-8 Jahre

Mütze 48-52 cm Kopfumfang,
Fäustlinge 3-4

Materialbedarf:
„Cool Wool Big" von Lana Grossa (100 % Merino extrafein, LL = 120 m/50 g): 300 g Blau 630, je 50 g Rot 640 und Weiß 601
Nadel-Spiel Nr. 4 und 4,5

Falsches Patentmuster in Rd:
1. Rd: *1 M li, 3 M re, ab * wdh
2. Rd: *2 M li, 1 M re, 1 M li, ab * wdh
Die 1. und 2. Rd stets wdh.
Falsches Patenmuster in R:
Hin-R: Rand-M, *3 M re, 1 M li, ab * wdh, 3 M re, Rand-M
Rück-R: Rand-M, 1 M re, 1 M li, *3 M re, 1 M li, ab * wdh, 1 M re, Rand-M
Kleines Perlmuster: 1 M re, 1 M li im Wechsel, in jeder Rd/R versetzen
Streifenfolge: 2 Rd/R Rot, 1 Rd/R Weiß und 2 Rd/R Rot
Maschenprobe, falsches Patentmuster mit Nadel Nr. 4,5: 24 M und 30 R = 10 x 10 cm

So wird es gemacht:
Mütze
88 M in Blau mit Nadel-Spiel Nr. 4,5 anschlagen (= 22 M pro Nadel) und im falschen Patenmuster wie folgt stricken: 8 Rd Blau, 5 Rd Streifenfolge, weiter in Blau. Nach 15 cm ab Anschlag im kleinen Perlmuster weiterarb und mit den Abnahmen beginnen. Dafür 9 x in jeder 2. Rd am Anfang und Ende jeder Nadel 2 M mustergemäß zusammenstricken, dann in der folgenden Rd stets 2 M zusammenstricken. Restliche 8 M mit dem Arbeitsfaden zusammenziehen.

Schal
41 M in Blau mit zwei Nadeln des Nadel-Spiels Nr 4,5 anschlagen und wie folgt stricken: im falschen Patenmuster 8 R Blau, 5 R Streifenfolge und 46 cm Blau; 40 cm Perlmuster in Blau, im falschen Patenmuster 46 cm Blau, 5 R Streifenfolge und 8 R Blau. Dann alle M abketten.

Fäustlinge
Für den re Fäustling 40 M in Blau mit Nadel-Spiel Nr. 4 anschlagen (= 10 M pro Nadel) und im falschen Patenmuster wie folgt stricken: 8 Rd Blau, 5 Rd Streifenfolge, weiter in Blau. Nach 26 Rd ab Anschlag den Daumenkeil gemäß den Handschuhregeln auf Seite 103 arb. Dafür in jeder 2. Rd zunehmen, bis 11 Keil-M vorhanden sind.
Nach 17 cm ab Anschlag im kleinen Perlmuster weiterarb und mit der Spitze gemäß den Handschuhregeln beginnen, jedoch stets die ersten 2 M der 2. und 4. Nadel sowie die letzten 2 M der 1. und 3. Nadel mustergemäß zusammenstricken. Nun den Daumen gemäß den Handschuhregeln im kleinen Perlmuster in Blau arb und nach 4,5 cm beenden. Den li Fäustling gegengleich arb.

TIPP: Die Maschenprobe
Stricken ist individuell, einer strickt lockerer, der andere fester – daher kommt man um die Maschenprobe nicht herum! Die garantiert dafür, dass nachher die Passform und Größe des fertigen Modells stimmen.

Voraussetzung Nr. 1: Das Garn, das Sie verwenden, muss in etwa die selbe Lauflänge haben wie das in der Anleitung angegebene Originalmaterial.
Voraussetzung Nr. 2: In jeder Anleitung wird eine Maschenprobe vorgegeben, die Sie beim Stricken unbedingt einhalten müssen. Dies gelingt durch die Wahl der richtigen Nadelstärke oder bewusst festeres oder lockereres Stricken.

Doch zunächst müssen Sie eine Strickprobe anfertigen und prüfen, ob Sie die selben Maschen- und Reihenzahlen erreichen wie vorgegeben. Dafür stricken Sie ein mindestens 10 x 10 cm großes Stück glatt rechts oder im angegebenen Muster und zählen dann nach: Wie viele Maschen in der Breite und wie viele Reihen in der Höhe ergeben 10 cm? Hat Ihre Probe weniger Maschen als angegeben, müssen Sie entweder fester stricken oder 1/2 bis 1 Stärke dünnere Nadeln nehmen. Haben Sie mehr Maschen, heißt es lockerer stricken oder dickere Nadeln verwenden.

Die Maschenprobe ist also unverzichtbar zum Bestimmen der Nadelstärke und zum Einhalten der Maße. Sie verschafft Ihnen als kleines Übungsstück vorweg außerdem ein wenig Übung mit dem Muster und Sie sehen, wie es im gewählten Garn zur Geltung kommt.

Gehen wie auf Wolken: Hüttenschuhe

Hüttenschuhe in Natur

Schwierigkeit:* *
Größe: 32/33

Materialbedarf:
„Meilenweit Mouliné" von Lana Grossa (80 % Schurwolle, 20 % Polyamid, LL = 210 m/50 g): 100 g Natur 106
„Leggero" von Lana Grossa (100 % Mikrofaser, LL = 160 m/50 g): 50 g Natur 13
Nadel-Spiel Nr. 3
1 Paar Sohlen für Hüttenschuhe in Größe 32/33 (im Fachhandel erhältlich)

Rippenmuster: 1 M re, 1 M li im Wechsel
Glatt re: Hin-R re M, Rück-R li M; in Rd nur re M
Kraus re: Hin- und Rück-R re M
Karomuster:
1.-10. Rd: *7 M re, 7 M li, ab * wdh
11.-20. Rd: *7 M li, 7 M re, ab * wdh
Die 1.-20. Rd stets wdh.
Blümchen: Nachträglich mit „Leggero" im Margeritenstich auf die glatt re Karos sticken (siehe Stickschule auf Seite 60).
Maschenprobe, glatt re mit „Meilenweit": 28 M und 40 R = 10 x 10 cm

So wird es gemacht:
Anschlag je 56 M mit „Meilenweit Mouliné" (= 14 M pro Nadel) und 12 cm Rippenmuster stricken, dann im Karomuster weiterarb. Nach 30 Rd ab Bund mit der Ferse beginnen und die Socken laut Lehrgang und Größentabelle auf den Seiten 100-102 weiterstricken, dabei die äußeren je 3 M der Fersenwand kraus re stricken. Nach der Ferse das Karomuster fortsetzen. Nach 17 cm Fußlänge mit der Bandspitze beginnen.

Oberfuß und Schaft mit Blümchen besticken. Den Bund zur Hälfte nach außen schlagen. Die Sohlen mit doppeltem Faden an die Socken nähen.

TIPP: Vom Socken zum Schuh
Mit Ledersohlen lassen sich aus jedem Paar dickerer Wollstrümpfe ganz leicht Hüttenschuhe machen. Die Sohlen sollten etwa eine Nummer größer sein als Ihr Strumpf, da das Gestrickte in der Sohle Platz wegnimmt. Vorgestanzte Löcher machen das Annähen einfacher.

Hüttenschuhe in Rot

Schwierigkeit:* *
Größe: 26/27

Materialbedarf:
„Meilenweit Tweed" von Lana Grossa (80 % Schurwolle, 20 % Polyamid, LL = 210 m/50 g): 100 g Rot 137
„Estivo" von Lana Grossa (85 % Baumwolle, 15 % Polyamid, LL = 150 m/50 g): 50 g Rot 8
Nadel-Spiel Nr. 3
1 Paar Sohlen für Hüttenschuhe in Größe 26/27 (im Fachhandel erhältlich)

Rippenmuster: 1 M re, 1 M li im Wechsel
Glatt re: Hin-R re M, Rück-R li M; in Rd nur re M
Kraus re: Hin- und Rück-R re M
Biesenmuster:
1.+2. Rd: re M
3.-6. Rd: *4 M re, 4 M li, ab * wdh
7. Rd: *4 M re, 4 Biesen-M (= jede M auf der Rückseite mit der 4 Rd darunter liegenden M re zusammenstricken), ab * wdh
8. Rd: re M
9.-12. Rd: *4 M li, 4 M re, ab * wdh
13. Rd: *4 Biesen-M, 4 M re, ab * wdh
14. Rd: re M
Die 1.-14. Rd 1 x arb, dann die 3.-14. Rd stets wdh.
Zopfmuster: Laut Strickschrift arb.
Die 1.-4. Rd stets wdh.
Maschenprobe, glatt re mit „Meilenweit": 28 M und 40 R = 10 x 10 cm

Hüttenschuhe in Rot
Strickschrift

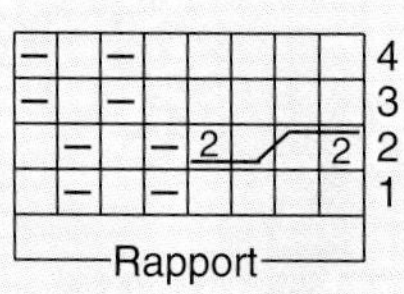

Zeichenerklärung:

☐ = 1 M re
⊟ = 1 M li
2 ╱ 2 = 2 M auf 1 Hilfsnadel hinter die Arbeit legen, 2 M re, die M der Hilfsnadel re stricken

So wird es gemacht:
Anschlag je 48 M mit „Estivo" (= 12 M pro Nadel) und für den Umschlag 5 cm Biesenmuster stricken. Dann die Arbeit wenden und noch 5 cm Rippenmuster arb. Nun die M wie folgt einteilen: 1. und 3. Nadel je 14 M sowie 2. und 4. Nadel je 10 M, dann mit „Meilenweit Tweed" im Zopfmuster weiterarb.

Nach 7 cm ab Rippenmuster mit der Ferse beginnen und die Socken laut Lehrgang und Größentabelle auf den Seiten 100-102 weiterstricken, dabei die äußeren je 3 M der Fersenwand kraus re stricken. Nach der Ferse die M der 2. und 3. Nadel weiter im Zopfmuster, restliche M glatt re arb.

Nach 13,5 cm Fußlänge mit der Bandspitze beginnen.Das Biesenmuster nach außen schlagen. Die Sohlen an die Socken nähen.

TIPP: Banderolen lesen
Ein Blick auf die Garnbanderole gehört unbedingt dazu! Dort finden Sie nicht nur Infos zu Lauflänge und Zusammensetzung des Materials, sondern auch zur idealen Nadelstärke und Wichtiges für den Waschtag!

Die Pflegekennzeichen auf der Banderole sagen Ihnen ganz genau, was in Sachen Hand- oder Maschinenwäsche, Bügeln, chemische Reinigung und Trocknen möglich ist.

Außerdem ist meist eine Maschenprobe angegeben. Diese dient jedoch nur als ungefährer Anhaltspunkt und Sie sollten sich keinesfalls blind darauf verlassen. Ja nach gewähltem Muster und von Strickerin zu Strickerin kann es erhebliche Unterschiede geben. Damit die Passform beim fertigen Stück wirklich stimmt, sollten Sie immer eine individuelle Maschenprobe anfertigen.

Außerdem bitte die Farb- und Partienummer beachten! Verwenden Sie möglichst Knäuel aus einem einzigen Farbbad, d.h. alle mit der gleichen Partienummer. Von Partie zu Partie (also von Färbung zu Färbung) kann es kleine Farbabweichungen geben.

Feuerrotes Kuschelset

Mütze, Schal und Muff in Rot

***Schwierigkeit:* ✻**
Größe: 3-5 Jahre

Mütze 44-46 cm Kopfumfang

Materialbedarf:
„Pep" von Lana Grossa (80 % Mikrofaser, 20 % Polyamid, LL = 110 m/50 g): 200 g Rot 5
„Meilenweit Tweed" von Lana Grossa (80 % Schurwolle, 20 % Polyamid, LL = 210 m/50 g): 50 g Rot 137
Nadel-Spiel Nr. 3 und 5

Rippenmuster mit „Meilenweit Tweed" und Nadel Nr. 3: 1 M re, 1 M li im Wechsel
Glatt re mit „Pep" und Nadel Nr. 5: Hin-R re M, Rück-R li M; in Rd nur re M
Maschenprobe, glatt re mit „Pep" und Nadel Nr. 5: 18 M und 24 R = 10 x 10 cm

So wird es gemacht:
Baskenmütze
132 M mit „Meilenweit Tweed" anschlagen (= 33 M pro Nadel) und für den Bund 3 cm Rippenmuster stricken. Dann mit „Pep" glatt re weiterarb, dabei in der 1. Rd verteilt 30 M abnehmen = 102 M.
Nach 15 Rd ab Bund mit den Abnahmen beginnen, dazu in der folgenden Rd jede 5. und 6. M re zusammenstricken, 10 Rd ohne Abnahmen arb, dann jede 4. und 5. M re zusammenstricken, 6 Rd ohne Abnahmen, dann jede 3. und 4. M re zusammenstricken, 6 Rd ohne Abnahmen, dann jede 2. und 3. M re zusammenstrikken, 6 Rd ohne Abnahmen, dann stets 2 M re zusammenstricken, noch 2 Rd ohne Abnahmen, dann nochmals stets 2 M re zusammenstricken = 9 M. Nun restliche M mit dem Faden zusammenziehen.

Pompon für die Baskenmütze:
Einen Pompon aus „Meilenweit Tweed" mit 6 cm Durchmesser anfertigen: Aus fester Pappe zwei Kreise mit dem gewünschten Durchmesser des Pompons (hier 6 cm) ausschneiden. In die Mitte ein Loch einschneiden. Der Durchmesser des Mittelloches sollte etwa halb so groß sein wie der Durchmesser der Pappkreise (hier etwa 3 cm).
Die beiden Pappringe deckungsgleich aufeinander legen und an einer Stelle einschneiden, so dass der Ring nun offen ist. Jetzt den Ring locker mit Wolle umwickeln. Je dichter und gleichmäßiger die Umwicklung ist, desto schöner wird später der Pompon.

Ist der gesamte Ring umwickelt, so dass das Mitteloch fast vollständig ausgefüllt ist, den Faden abschneiden. Dann mit einer Schere zwischen den beiden Pappringen die Umwicklung durchschneiden. Die Pappringe zunächst nur ein wenig auseinander ziehen. Mit einem doppelten Faden zwischen den Pappringen den Pompon fest abbinden. Diesen Faden gut verknoten.

Nun die Pappringe vollständig abziehen und den Pompon in Form schneiden. Den fertigen Pompon auf die Mützenmitte nähen.

Schal
22 M mit „Pep" anschlagen und in R glatt re arb. Nach 16 cm Gesamthöhe für den Schlitz die Arbeit in der Mitte teilen und über je 11 M getrennt jeweils 4 cm weiterstricken, dann wieder über alle 22 M weiterarb. Nach 70 cm Gesamthöhe alle M abketten.

Muff
54 M mit „Pep" anschlagen (= 1.+3. Nadel je 13 M, 2.+4. Nadel je 14 M) und in Rd glatt re stricken. Nach 36 cm die M abketten.
Den Schlauch zur Hälfte nach innen stülpen, so dass er doppelt liegt. Aus dem Anschlag- und Abkettrand mit „Meilenweit Tweed" 88 M herausstricken (= 22 M pro Nadel) und im Rippenmuster stricken, dabei in der 1. Rd stets 2 M zusammenstricken = 44 M.
Nach 6 cm die M abketten, dann den Bund zur Hälfte nach innen säumen. An der gegenüberliegenden Seite des Muffs das 2. Bündchen in gleicher Weise arb. Eine 80 cm lange Kordel aus ca. 10 Fäden „Meilenweit Tweed" drehen und beidseitig am Muff befestigen.

TIPP: Effektvolle Garne
So schmuseweich, super angenehm und leicht waren Garne noch nie! Zum einen gibt es sehr hochwertige, optimal verarbeitete Schurwollequalitäten, die sich einfach herrlich soft anfühlen. Zum anderen sind es innovative Mikrofasern, solo oder in Kombination mit klassischen Wollen, die für den Kuscheleffekt sorgen.

Optimale Ausspinnung und Zwirnung sowie sorgfältige Färbung tun ein Übriges dazu, dass die neuen Garne nicht nur in puncto Tragekomfort und Weichheit Freude machen, sondern auch haltbar und strapazierfähig sind. Kratzen, Pillen, Fusseln oder Ausleiern – all das gehört damit der Vergangenheit an.

Diese Qualitäten fühlen sich aber nicht nur ganz besonders gut an, sie sehen dazu toll aus und halten schön warm. Denn auch in Sachen Optik hat es eine kleine Revolution gegeben! Dabei geht es zum einen um Farben und Farbkombinationen: Lassen Sie sich von der Fülle der Nuancen überraschen! Und nicht nur die Unis sind breit gefächert, es gibt dazu Ton-in-Ton oder bunt Meliertes, Moulinés, Tweedeffekte und bedruckte Garne, die abwechslungsreiche Muster und Farbverläufe ganz von selbst entstehen lassen.

Und dann natürlich die Vielzahl der Effekte! Flausch, Fransen, Noppen, so genannte „Flammen", bei denen der Faden mal dick, mal dünn ist, superleichte Volumengarne, samtige Velours, Glanz und Glitter, Bändchen und mehrfädige Kombinationen verschiedener Materialien. Und jedes Garn entfaltet verstrickt erst seine volle Wirkung!

Weichheit, Haltbarkeit, schöne Farben und tolle Strukturen bringen die aktuellen Handstrickgarne also mit. Ein weiterer Vorteil: Unkomplizierte Pflege! Viele Garne sind im Schonwaschgang bei 30°C in der Maschine waschbar.
Wir haben in diesem Buch alle Modelle aus Garnen von Lana Grossa gestrickt.

Sportive Rollrandsocken

Sportsocken mit Rollrand in zwei Farbvarianten

Schwierigkeit:* *
Größe: 30/31

Materialbedarf:
„Meilenweit" von Lana Grossa (80 % Schurwolle, 20 % Polyamid, LL = 210 m/50 g): 50 g Orange 1282 oder Gelb 1283 sowie je 50 g Grün 1287, Weiß 1101 und Schwarz 1106
Zwei Nadel-Spiele Nr. 2,5

Glatt re: Hin-R re M, Rück-R li M; in Rd nur re M
Kraus re: Hin- und Rück-R re M
Einstrickmuster: Glatt re laut Zählmuster in Norwegertechnik mit mehreren Knäueln arb, dabei den unbenutzten Faden stets locker auf der Arbeitsrückseite mitführen. Die 1.-27. Rd stets wdh.
Streifenfolge: glatt re *2 Rd Orange oder Gelb, je 1 Rd Weiß, Schwarz und Weiß, je 2 Rd Orange bzw. Gelb und Grün, je 1 Rd Schwarz, Weiß und Schwarz, 2 Rd Grün, ab * wdh
Maschenprobe, glatt re:
28 M und 40 R = 10 x 10 cm

Zählmuster

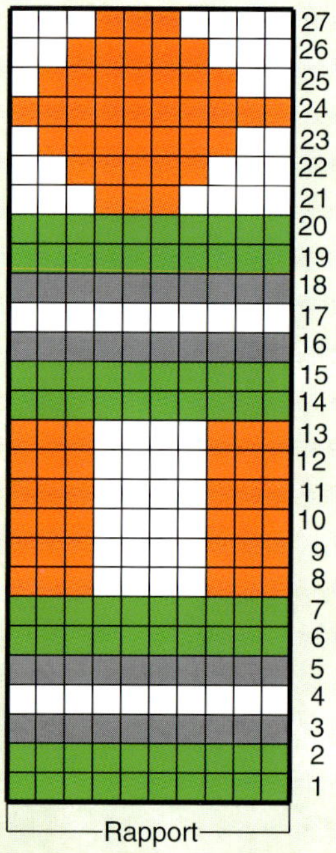

So wird es gemacht:
Anschlag je 50 M in Schwarz (= 1.+3. Nadel je 12 M, 2.+4. Nadel je 13 M) und für den 1. Rollrand 18 Rd glatt re stricken, dann die M stilllegen. Den 2. Rollrand ebenso in Orange oder Gelb arb, jedoch bereits nach 16 Rd die M über den 1. Rollrand schieben und je 1 M beider Nadel-Spiele re zusammenstricken. Den 3. Rollrand in Weiß arb und nach 14 Rd über den 2. Rollrand schieben und wie zuvor zusammenstricken. Noch 1 Rd in Weiß stricken, dann im Einstrickmuster weiterarb. Nach 47 Rd ab Rollrand mit der Ferse in Orange oder Gelb beginnen und die Socken laut Lehrgang und Größentabelle auf den Seiten 100-102 weiterstricken. Dabei die äußeren je 3 M der Fersenwand kraus re stricken. Nach der Ferse gemäß Streifenfolge weiterarb. Nach 16 cm Fußlänge mit der Bandspitze in Grün beginnen.

TIPP: Starke Fersen
Die Ferse ist der am stärksten beanspruchte Teil des Sockens. Lassen Sie beim Stricken von Fersenwand und Käppchen ein Socken-Beilaufgarn mitlaufen, das macht sie noch robuster.

Oder Sie arbeiten eine verstärkte Fersenwand:
***1. Reihe:** Im Wechsel 1 Masche rechts, 1 Masche rechts abheben und dabei den Faden hinter der Masche mitführen. Wie bei der glatt rechten Fersenwand können Sie auch hier die beiden äußeren Maschen kraus rechts stricken.*
***2. Reihe:** Linke Maschen stricken.*
***3. Reihe:** Wie die 1. Reihe arbeiten, jedoch um 1 Masche versetzt. Sie beginnen also mit einer abgehobenen Masche.*
***4. Reihe:** Linke Maschen stricken.*
Die 1.-4. Reihe stets wiederholen, bis zur erforderlichen Fersenwandhöhe.
***Achtung**, das Muster zieht sich in der Höhe etwas zusammen. Es müssen einige Reihen mehr gestrickt werden, als in der Größentabelle angegeben.*

Zeichenerklärung:

- = Grün
- = Schwarz
- = Weiß
- = Orange oder Gelb

TIPPS für den Waschtag
Handwäsche:
Hier geht es vor allem darum, Fehler zu vermeiden: Bitte nie lange einweichen, dann quellen die Fasern zu stark. Bitte nicht wringen, das schadet der Faserstruktur, ebenso wie zu viel Drücken oder Zerren. Also: Handwarmes Wasser, wenig Waschmittel gut auflösen, das Strickstück locker durchdrücken, nicht allzu lange waschen, ausgiebig mit reichlich Wasser spülen, nicht wringen, sondern vorsichtig in trockene Handtücher einrollen.

Moderne Märchen:
Shampoo ist toll für die Wollwäsche? Lieber nicht, denn nach wie vor steht bei den Haarwaschmitteln die Fettentfernung im Vordergrund und die ist für Wolle schädlich!
Essig im letzten Spülgang? Na ja, wenn Sie den Geruch mögen... Zur Farbfixierung taugt das eher nicht, bei Baumwolle kann es sogar nachteilig sein, da diese meist im basischen Bereich gefärbt wird.

Trocknen:
Erstaunlich oft darf heute der Trockner zum Einsatz kommen, ein Blick auf die Banderole verrät es Ihnen! Das Trocknen auf Handtüchern wird häufig empfohlen, wir raten jedoch davon ab. Bei Wollpullovern ist es sogar kontraproduktiv, denn die Wollfasern strecken sich bei der Wäsche. Während des Trocknens müssen sie sich wieder zusammenziehen und zur ursprünglichen Kräuselung zurückkehren, raues Frottier erschwert diesen Prozess.

Baumwollpullis ziehen sich bei der Wäsche leicht zusammen, sie müssen vor dem Trocknen wieder in Form gezogen werden. Auf Handtüchern fällt das leichter und wird besser gehalten. Doch der Trockenvorgang verlängert sich, unangenehmer Muff kann entstehen.

Daher unser Tipp: Strickstücke locker auf dem Wäscheständer ausbreiten, Baumwollpullis wiederholt in Form ziehen.

Sportset mit vielen Extras

Sport-Kinderset

Schwierigkeit: **
Größe: 5-7 Jahre

Mütze 44-48 cm Kopfumfang, Handschuhe 3-4

Materialbedarf:
„Elastico" von Lana Grossa (96 % Baumwolle, 4 % Polyester, LL = 160 m/50 g): 150 g Grün 51, 100 g Orange 59, je 50 g Gelb 41, Weiß 1 und Schwarz 24
Nadel-Spiel und Schnellstricknadeln Nr. 3
Für den Schal einen Reißverschluss in Orange, 10 cm lang

Rippenmuster: 1 M re, 1 M li im Wechsel
Glatt re: Hin-R re M, Rück-R li M; in Rd nur re M
Glatt li: in Rd nur li M
Großes Perlmuster: 1 M re, 1 M li im Wechsel, in jeder 2. R versetzen
Streifenfolge A: 10 Rd Grün, 6 Rd Gelb, je 4 Rd Weiß, Orange, Weiß, Orange und Grün, 2 Rd Schwarz und 6 Rd Orange
Streifenfolge B: 116 R Grün, *je 4 R Weiß, Orange, Weiß und Gelb, ab * 5 x wdh, je 4 R Weiß, Orange und Weiß, 20 R Schwarz, je 54 R Orange und Gelb, 20 R Schwarz, je 30 R Grün und Orange
Streifenfolge C: 8 R Orange, je 2 R Weiß, Schwarz und Weiß, 6 R Orange, je 2 R Weiß, Schwarz und Weiß, 8 R Orange
Motiv: Nachträglich gemäß Zählmuster im Maschenstich aufsticken (siehe Stickschule auf Seite 60).
Maschenprobe, glatt re:
24 M und 36 R = 10 x 10 cm

So wird es gemacht:
Mütze
120 M in Orange anschlagen (= 30 M pro Nadel) und für den Bund 15 cm Rippenmuster stricken, dabei nach 6 Rd über 11 M und 18 Rd glatt li arb. Anschließend glatt re gemäß Streifenfolge A weiterarb. Nach der 27. Rd ab Bund jede 6. M mit einem Faden markieren. Dann in der 28., 34., 39., 43. und 44. Rd ab Bund stets jede markierte M mit der M davor re zusammenstricken. Restliche 20 M mit dem Faden zusammenziehen.
Einen grünen Pompon mit 5 cm Durchmesser anfertigen (eine Anleitung dafür finden Sie auf Seite 32) und auf die Mützenmitte nähen.

Den Bund zur Hälfte nach außen schlagen und die glatt re Fläche mit dem Motiv besticken.

Fingerhandschuhe
Für den re Handschuh 40 M in Grün anschlagen (= 10 M pro Nadel) und im Rippenmuster 12 Rd Grün, je 4 Rd Schwarz, Grün und Schwarz sowie 28 Rd Grün stricken. Dann glatt re in Orange weiterarb und nach 6 Rd den Daumenkeil gemäß den Handschuhregeln auf Seite 103 arb. Dafür in jeder 2. Rd zunehmen, bis 11 Keil-M vorhanden sind. Nach 20 Rd ab Bund noch 4 Rd in Schwarz strikken, dann mit den Fingern in Grün gemäß den Handschuhregeln beginnen. Für den Zeigefinger die letzten 6 M des Handrückens und die ersten 6 M der Innenhand abstricken und 2 M für den Steg anschlagen = 14 M. Nach 14 Rd Grün und 6 Rd Orange den Finger beenden. Für den Mittelfinger 5 M des Handrückens abstricken, 2 M aus dem Steg auffassen, die folgenden 5 M der Innenhand abstricken und 2 M für den Steg anschlagen = 14 M. Nach 18 Rd Grün und 6 Rd Orange den Finger beenden. Den Ringfinger wie den Mittelfinger arb und nach 14 Rd Grün und 6 Rd Orange beenden. Für den kleinen Finger restliche 8 M abstricken und aus dem Steg 2 M auffassen = 10 M, nach 10 Rd Grün und 6 Rd Orange den Finger beenden. Nun den Daumen gemäß den Handschuhregeln arb und nach 4 Rd Schwarz, 6 Rd Grün und 4 Rd Orange beenden. Den li Handschuh gegengleich arb. Je ein Motiv mittig auf den Handrücken sticken.

Schal
45 M in Grün anschlagen und laut Streifenfolge B in folgender Einteilung stricken: Rand-M, 5 M großes Perlmuster, 33 M glatt re, 5 M großes Perlmuster, Rand-M. Nach 120 cm = 432 R ab Anschlag die M abketten.
Für die Tasche 26 M in Orange anschlagen und glatt re laut Streifenfolge C stricken, dann die M abketten.
In die Schalenden grüne Fransen (je 3 Fäden à 14 cm) einknüpfen. Die Tasche quer auf die grüne Fläche des Schals nähen, ca. 9 cm ab Anschlag, dabei an der oberen Kante den Reißverschluss einnähen, diesen eventuell etwas kürzen.

TIPP: die richtige Zahl
Statt der 7 wünscht sich Ihr Kind seine Lieblingszahl? Kein Problem! Fertigen Sie einfach Ihr eigenes Zählmuster für die Wunschzahl an! Dafür auf Karopapier 10 Kästchen in der Breite sowie 16 Kästchen in der Höhe abzählen. In dieses Feld nun mit Bleistift die gewünschte Zahl einzeichnen. Nun mit Filzstift alle Kästchen, die der Bleistiftstrich berührt, ausmalen. Diese Zeichnung beim Aufsticken als Zählmuster verwenden.

Zeichenerklärung:

= Orange
= Grün

1 Kästchen = 1 M und 1 R

Zählmuster

Socken auf Streifzug

Ringelsocken mit Rippenumschlag

Schwierigkeit: **
Größe: 32/33

Materialbedarf:
„Meilenweit" von Lana Grossa
(80 % Schurwolle, 20 % Polyamid,
LL = 210 m/50 g): je 50 g Rot 1324,
Orange 1282, Gelb 1283, Blau 1294
und Grün 1287
Nadel-Spiel Nr. 2,5

Rippenmuster: 2 M re, 2 M li im Wechsel
Glatt re: Hin-R re M, Rück-R li M; in Rd nur re M
Kraus re: Hin- und Rück-R re M; in Rd abwechselnd je 1 Rd re und li M
Waffelmuster:
1.+2. **Rd:** kraus re in Rot
3.+4. **Rd:** in Orange *1 M li abheben, Faden liegt hinter der M, 1 M re, ab * wdh
5.+6. **Rd:** kraus re in Rot
7.+8. **Rd:** in Gelb *1 M re, 1 M li abheben, Faden liegt hinter der M, ab * wdh
9.-14. **Rd:** wie 1.-6. Rd
Musterfolge: *8 Rd glatt re in Grün, 14 Rd Waffelmuster, 8 Rd glatt re in Blau, 14 Rd Waffelmuster, ab * wdh
Maschenprobe, glatt re:
28 M und 40 R = 10 x 10 cm

So wird es gemacht:
Anschlag je 56 M in Gelb (= 14 M pro Nadel) und für den Bund 10 cm Rippenmuster stricken. Dann gemäß Musterfolge weiterarb.

Nach 74 Rd ab Bund mit der Ferse in Rot beginnen und die Socken laut Lehrgang und Größentabelle auf den Seiten 100-102 weiterstricken. Dabei die äußeren je 3 M der Fersenwand kraus re stricken.

Nach der Ferse die Musterfolge fortsetzen und nach 17 cm Fußlänge mit der Bandspitze in Orange beginnen. Den Bund zur Hälfte nach außen schlagen.

TIPP: Maschenzählen
Bei den Abnahmen am Zwickel und an der Spitze können Sie die entsprechenden Maschen auch links zusammenstricken, das erleichtert das Zählen der Runden.

Socken mit Mäusezähnchenrand

Schwierigkeit: **
Größe: 28/29

Materialbedarf:
„Meilenweit" von Lana Grossa
(80 % Schurwolle, 20 % Polyamid,
LL = 210 m/50 g): je 50 g Blau 1294,
Rot 1324, Orange 1282, Gelb 1324,
Grün 1287 und Weiß 1101
Nadel-Spiel Nr. 2,5

Glatt re: Hin-R re M, Rück-R li M; in Rd nur re M
Kraus re: Hin- und Rück-R re M
Mäusezähnchen: 2 M re zusammenstricken und 1 Umschlag im Wechsel
Hebemaschenmuster:
1.+2. **Rd:** re M
3. **Rd:** *1 M li abheben, Faden liegt hinter der M, 1 M re, ab * wdh
4. **Rd:** *1 M li abheben, Faden liegt hinter der M, 1 M li, ab * wdh
5. **Rd:** *1 M re, 1 M li abheben, Faden liegt hinter der M, ab * wdh
6. **Rd:** *1 M li, 1 M li abheben, Fd liegt hinter der M, ab * wdh
7.-12. **Rd:** 3.-6. Rd wdh
13.+14. **Rd:** re M
Farbfolge: je 2 Rd *Grün, Gelb und Orange, ab * wdh
Musterfolge: *glatt re je 2 Rd Rot, Weiß, Rot und Weiß, 14 Rd Hebemaschenmuster laut Farbfolge, ab * wdh
Maschenprobe, glatt re:
28 M und 40 R = 10 x 10 cm

So wird es gemacht:
Anschlag je 52 M in Blau (= 13 M pro Nadel) und für den Bund 8 Rd glatt re, 1 Rd Mäusezähnchen und 8 Rd glatt re stricken. Dann gemäß Musterfolge weiterarb.

Nach 88 Rd ab Bund mit der Ferse in Blau beginnen und die Socken laut Lehrgang und Größentabelle auf den Seiten 100-102 weiterstricken. Dabei die äußeren je 3 M der Fersenwand kraus re stricken.

Nach der Ferse die Musterfolge fortsezen und nach 15 cm Fußlänge mit der Bandspitze in Blau beginnen.
Den Bund zur Hälfte nach innen säumen.

Ringelsocken mit Rollrand

Schwierigkeit: **
Größe: 24/25

Materialbedarf:
„Meilenweit" von Lana Grossa
(80 % Schurwolle, 20 % Polyamid,
LL = 210 m/50 g): je 50 g Rot 1324,
Orange 1282, Blau 1294, Gelb 1324,
Grün 1287 und Weiß 1101
Nadel-Spiel Nr. 2,5

Glatt re: Hin-R re M, Rück-R li M; in Rd nur re M
Kraus re: Hin- und Rück-R re M
Netzmuster:
1. **Rd:** re M
2. **Rd:** *3 M li, 1 M re, ab * wdh
3. **Rd:** *1 doppelter Überzug (= 2 M zusammen re abheben, 1 M re, die abgehobenen M überziehen), aus 1 M 3 M herausstricken (= 1 M re, 1 Umschlag und 1 M re), ab * wdh
4. **Rd:** *1 M re, 3 M li, ab * wdh
5. **Rd:** *aus 1 M 3 M herausstricken, 1 doppelter Überzug, ab * wdh
Die 1.-5. Rd 1 x arb, dann die 2.-5. Rd stets wdh.
Musterfolge: *glatt re je 2 Rd Orange, Gelb, Orange, Gelb und Orange, 10 Rd Netzmuster in Blau, glatt re je 2 Rd Grün, Weiß, Grün, Weiß und Grün, 10 Rd Netzmuster in Rot, ab * wdh
Maschenprobe, glatt re:
28 M und 40 R = 10 x 10 cm

So wird es gemacht:
Anschlag je 48 M in Rot (= 12 M pro Nadel) und für den Rollrand 6 cm glatt re stricken. Dann gemäß Musterfolge weiterarb.

Nach 44 Rd ab Rollrand mit der Ferse in Blau beginnen und die Socken laut Lehrgang und Größentabelle auf den Seiten 100-102 weiterstricken. Dabei die äußeren je 3 M der Fersenwand kraus re stricken.

Nach der Ferse die Musterfolge fortsetzen, jedoch die M der 1. und 4. Nadel stets glatt re stricken. Nach 12 cm Fußlänge mit der Bandspitze in Rot beginnen.

Set mit schrägen Streifen

Mütze und Ringelschal

Schwierigkeit: *
Größe: 5-7 Jahre

Mütze 46-50 cm Kopfumfang

Materialbedarf:
„Superlana" von Lana Grossa (100 % Merino-Schurwolle, LL = 110 m/50 g): 150 g Orange 6, je 100 g Grün 14, Gelb 12, Weiß 19 und Türkis 16
Schnellstricknadeln Nr. 4 und Nadel-Spiel Nr. 3,5

Glatt re: Hin-R re M, Rück-R li M; in Rd nur re M
Kraus re: Hin- und Rück-R re M
Streifenfolge: je 7 R *Orange, Gelb, Türkis, Weiß und Grün, ab * wdh
Maschenproben: glatt re mit Nadel Nr. 3,5: 23 M und 36 R = 10 x 10 cm; kraus re mit Nadel Nr. 4: 21 M und 42 R = 10 x 10 cm

So wird es gemacht:
Mütze
Für den Umschlag 30 M in Orange anschlagen und kraus re laut Streifenfolge stricken, dabei für die Schrägung am li Rand in den Hin-R vor bzw. in den Rück-R nach der Rand-M 1 M zunehmen (= aus dem Querfaden 1 M re verschränkt herausstricken) sowie am re Rand in den Hin-R nach bzw. in den Rück-R vor der Rand-M 2 M re zusammenstricken. Nach 50 cm = 210 R den offenen Rand mit dem Anschlagrand im Maschenstich verbinden. Aus einer Seitenkante dieses Rings 108 M in Orange herausstricken (= 27 M pro Nadel) und glatt re stricken. Nach 8 cm mit den Abnahmen beginnen, dafür 12 x in jeder 6. Rd stets die 2. und 3. M jeder Nadel überzogen zusammenstricken (= 1 M re abheben, 1 M re, die abgehobene M überziehen) sowie die letzten 2 M jeder Nadel re zusammenstricken. Dann in der folgenden 6. Rd stets 2 M re zusammenstricken und restliche 6 M mit dem Faden zusammenziehen.

Einen Pompon aus allen 5 Farben mit 7 cm Durchmesser anfertigen (eine Anleitung dafür finden Sie auf Seite 74) und an die Mützenspitze nähen.
Den geringelten Umschlag nach außen schlagen und mit 1 cm Einschlag an der Mütze annähen.

Schal
30 M in Orange anschlagen und kraus re laut Streifenfolge stricken, dabei die Schrägung, wie beim Umschlag der Mütze beschrieben, arb. Die Anfangs- und Endfäden beim Farbwechsel ca. 8 cm hängen lassen. Nach 150 cm ab Anschlag die M abketten.

Für die Fransen je zwei 15 cm lange Fäden in den entsprechenden Farben der Endfäden zuschneiden und am Farbwechsel mit den Endfäden verknüpfen. Die fertigen Fransen auf 5 cm kürzen.

Ringel-Handschuhe

Schwierigkeit: * *
Größe: 3

Materialbedarf:
„Cool Wool" von Lana Grossa (100 % Schurwolle Merino, LL = 160 m/50 g): je 50 g Grün 471, Orange 418, Gelb 419, Weiß 431 und Türkis 502
Nadel-Spiel Nr. 2,5

Rippenmuster: 2 M re, 2 M li im Wechsel
Glatt re: in Rd nur re M
Streifenfolge: je 3 Rd *Orange, Gelb, Türkis, Weiß und Grün, ab * wdh
Maschenprobe:
26 M und 40 Rd = 10 x 10 cm

So wird es gemacht:
Für den re Handschuh 40 M in Grün anschlagen (= 10 M pro Nadel) und 10 cm Rippenmuster stricken. Dann glatt re laut Streifenfolge weiterarb und nach 8 Rd ab Bund den Daumenkeil gemäß den Handschuhregeln auf Seite 103 arb. Dafür in jeder 2. Rd zunehmen, bis 11 Keil-M vorhanden sind.

Nach 30 Rd ab Bund mit den Fingern gemäß den Handschuhregeln beginnen. Für den kleinen Finger in Orange die letzten 4 M der Innenhand und die ersten 4 M des Handrückens abstricken und 2 M für den Steg anschlagen = 10 M. Nach 3,5 cm den Finger beenden. Zu den restlichen 32 M aus dem Steg 2 M herausstricken = 34 M und noch 3 Rd in Orange stricken, dann die anderen Finger arb.

Für den Ringfinger in Türkis die letzten 6 M der Innenhand sowie die ersten 6 M des Handrückens abstricken und 2 M für den Steg anschlagen = 14 M. Nach 4,5 cm den Finger beenden.

Für den Mittelfinger in Weiß 5 M der Innenhand abstricken, 2 M aus dem Steg auffassen, die folgenden 5 M des Handrückens abstricken und 2 M für den Steg anschlagen = 14 M. Nach 5,5 cm den Finger beenden.

Für den Zeigefinger in Grün restliche 12 M abstricken und aus dem Steg 2 M auffassen = 14 M und nach 4,5 cm beenden. Nun den Daumen gemäß den Handschuhregeln in Gelb arb und nach 4 cm beenden.

Den li Handschuh gegengleich arb.

TIPP: Maschinenwäsche
Ein Blick auf die Banderole verrät, ob das verwendete Garn Maschinenwäsche verträgt. Pflegesymbole geben ganz genau an, ob und bei welcher Temperatur Sie Ihr Strickstück in der Maschine waschen können.

Ein stilisierter Waschzuber mit einer Hand bedeutet: Nur Handwäsche erlaubt. Ist der Zuber durchgestrichen, ist nur chemische Reinigung möglich. Eine Zahl im Zuber gibt die jeweils erlaubte Temperatur an. Ist unterhalb des Zubers ein Strich, dann sollten Sie immer den Schonwaschgang (Wollwäsche) wählen.

Je weniger Wäsche in der Trommel, desto geringer die Reibung. Wenn Sie Ihren Handstricksachen etwas Gutes tun wollen, waschen Sie sie solo, auf links gezogen und nicht im Wäschesack (vorausgesetzt, Maschinenwäsche ist überhaupt erlaubt).

Verzichten Sie auf Weichspüler, der nimmt Wolle die natürliche Spannkraft. Manche Wollwaschmittel enthalten ihn bereits, mit einem guten Feinwaschmittel sind Sie daher oft besser beraten. Flüssige Mittel, die sich gut lösen, eignen sich bestens, da weniger Gefahr besteht, dass Waschmittelrückstände die Wolle verkleben bzw. verhärten.

Reflektor-Set für Schulkinder

Kinderset mit Reflektorstreifen

Schwierigkeit: ******
Größe: 7-9 Jahre

Stirnband 50-54 cm Kopfumfang,
Fäustlinge 4

Materialbedarf:
„Superlana" von Lana Grossa (100 % Merino-Schurwolle, LL = 110 m/50 g):
250 g Gelb 12 und 50 g Orange 6
Schnellstricknadeln und
Nadel-Spiel Nr. 4,5
ca. 2 m Reflektorband aus dem Handarbeits-Fachhandel und
4 Reflektorpfeile

Rippenmuster: 1 M re, 1 M li im Wechsel
Glatt re: Hin-R re M, Rück-R li M; in Rd nur re M
Lochsteifen:
1. R: Rand-M, *1 Umschlag, 2 M mit dem Umschlag re zusammenstricken, ab * wdh, 1 M mit 1 Umschlag li abheben, Rand-M
2. R: Rand-M, 1 M mit dem Umschlag re zusammenstricken, *1 M mit 1 Umschlag li abheben, 1 M re, ab * wdh, Rand-M
Patentmuster in R:
1. R: Rand-M, *1 M mit 1 Umschlag li abheben, 1 M re, ab * wdh, 1 M mit 1 Umschlag li abheben, Rand-M
2. R: Rand-M, 1 M mit dem Umschlag der Vor-R re zusammenstricken, *1 M mit 1 Umschlag li abheben, 1 M mit dem Umschlag der Vor-R re zusammenstricken, ab * wdh, Rand-M
3. R: Rand-M, *1 M mit 1 Umschlag li abheben, 1 M mit dem Umschlag der Vor-R re zusammenstricken, ab * wdh, 1 M mit 1 Umschlag li abheben, Rand-M
Die 1.-3. R 1 x arb, dann die 2. und 3. R stets wdh.
Patentmuster in Rd:
1. Rd: *1 M mit 1 Umschlag li abheben, 1 M re, ab * wdh
2. Rd: *1 M mit dem Umschlag der Vor-Rd li zusammenstricken, 1 M mit 1 Umschlag li abheben, ab * wdh
3. Rd: *1 M mit 1 Umschlag li abheben, 1 M mit dem Umschlag der Vor-R re zusammenstricken, ab * wdh
Die 1.-3. Rd 1 x arb, dann die 2. und 3. Rd stets wdh.
Netzpatent:
1. R: Rand-M, *1 M re, 1 M re und den Umschlag li abheben, ab * wdh, 1 M re, Rand-M
2. R: Rand-M, 1 M mit 1 Umschlag li abheben, *1 M mit dem Umschlag re zusammenstricken, 1 M mit 1 Umschlag li abheben, ab * wdh, Rand-M
3. R: Rand-M, *1 M re und den Umschlag li abheben, 1 M re, ab * wdh, 1 M re und den Umschlag li abheben, Rand-M
4. R: Rand-M, 1 M mit dem Umschlag re zusammenstricken, *1 M mit 1 Umschlag li abheben, 1 M mit dem Umschlag re zusammenstricken, ab * wdh, Rand-M
Die 1. und 4. R stets wdh.
Versetztes Patentmuster:
12 R Patentmuster, *6 R Netzpatent,
12 R Patentmuster mit der 2. R beginnen,
6 R Netzpatent mit der 3. R beginnen,
12 R Patentmuster mit der 3. R beginnen,
ab * wdh
Maschenprobe im Patentmuster:
17 M und 44 R = 10 x 10 cm

So wird es gemacht:
Stirnband
89 M in Gelb anschlagen und wie folgt stricken: in Gelb 12 R Patentmuster, 2 R Lochstreifen und 6 R Patentmuster mit der 3. R beginnen; in Orange 4 R Netzpatent, 3 R glatt re, dabei in der 1. R die M mit den Umschlägen re zusammenstricken; 1 R: Rand-M, *1 M mit 1 Umschlag li abheben, 1 M li, ab * wdh, 1 M mit 1 Umschlag li abheben, Rand-M; 5 R Netzpatent mit der 3. R beginnen; in Gelb 7 R Patentmuster mit der 2. R beginnen, 2 R Lochstreifen und 12 R Patentmuster mit der 3. R beginnen. Dann alle M abketten.

Reflektorband zuschneiden und auf den glatt re Streifen nähen, dann das Stirnband der Länge nach an den Lochstreifen umschlagen und zusammennähen, dann die Schmalseiten schließen.

Schal
33 M in Gelb anschlagen und im Patentmuster stricken. Nach 10 cm einen diagonal verlaufenden glatt re Streifen einstricken, dazu am re Rand 3 M glatt re stricken und diesen Streifen in jeder 2. R um 1 M nach li verbreitern. Nach weiteren 6 R in Orange im Patentmuster ein Dreieck einarb, dazu diese Fläche wie den glatt re Streifen am re Rand beginnen und nach li verbreitern. Beim Farbwechsel die Fäden auf der Arbeitsrückseite miteinander verkreuzen.

Wenn alle M in Orange gestrickt werden, noch 4 R glatt re arb, dann in Gelb im versetzten Patentmuster weiterstricken. Nach 36 R versetztem Patentmuster die Mittel-M abketten und über je 16 M 30 R getrennt weiterstricken, dann mit 1 M wischenanschlag über alle M das Muster fortsetzen. Nach 64 cm versetztem Patentmuster (= 282 R) in Orange 4 R glatt re stricken und im Patentmuster weiterarb. Bereits in der 1. Patentmuster-R am li Rand in Gelb 3 M glatt re stricken und diesen glatt re Streifen in jeder 2. R um 1 M nach re verbreitern. Nach weiteren 6 R am li Rand 3 M im Patentmuster arb und wie den glatt re Streifen nach re versetzen, bis alle M im Patentmuster gestrickt werden, dann noch 10 cm gerade weiterarb. Nach ca. 120 cm Gesamthöhe alle M abketten.
Auf die waagerechten und diagonalen glatt re Streifen je ein entsprechend langes Stück Reflektorband nähen.

Fäustlinge
Für den re Fäustling 40 M in Gelb anschlagen (= 10 M pro Nadel) und im Rippenmuster 4,5 cm Gelb, 3 Rd Orange und 4,5 cm Gelb stricken. Anschließend in Gelb im Patentmuster weiterarb und den Daumenkeil gemäß den Handschuhregeln auf Seite 103 arb. Dafür in jeder 4. Rd zunehmen, bis 7 Keil-M vorhanden sind. Nach 16 Rd ab Bund die Keil-M stilllegen, für den Steg 4 M neu anschlagen und laut Handschuhregeln abnehmen. Noch 4 Rd stricken, dabei die M der 2. und 3. N glatt re arb. Danach in Orange 10 Rd glatt re stricken, dann wieder in Gelb im Patenmuster weiterarb. Nach 12 cm ab Bund mit der Spitze gemäß den Handschuhregeln beginnen, jedoch in jeder 2. Rd stets die 2. und 3. M der 2. und 4. Nadel re verschränkt zusammenstricken sowie die letzten 2 M der 1. und 3. Nadel re zusammenstricken. Nun den Daumen gemäß den Handschuhregeln im Patentmuster in Gelb arb und nach 4,5 cm beenden.
Den li Fäustling gegengleich arb.

Je 2 Reflektorpfeile auf die glatt re Fläche am Handrücken nähen sowie ober- und unterhalb der Pfeile ein Stück Reflektorband aufnähen.

Allerliebstes Babyset

Baby-Schühchen

Schwierigkeit: **
Größe: 3-6 Monate

Materialbedarf:
„Cool Wool" von Lana Grossa (100 % Merino extrafein, LL = 160 m/50 g):
je 50 g Melone 478 und Weiß 431
Nadel-Spiel Nr. 2,5 und
Häkelnadel Nr. 2,5
2 weiße Schmetterlingsknöpfe

Rippenmuster: 1 M re, 1 M li im Wechsel
Glatt re: in Rd nur re M
Kraus re: Hin- und Rück-R re M
Maschenprobe, glatt re:
28 M und 40 R = 10 x 10 cm

So wird es gemacht:
Anschlag je 40 M in Melone (= 10 M pro Nadel) und 7 cm Rippenmuster stricken, dann die ersten 13 M und die letzten 14 M der Rd stilllegen und über den restlichen 13 M für den Fußrücken 18 R im Rippenmuster arb. Nun in Rd glatt re weiterstricken, dazu die stillgelegten M wieder in Arbeit nehmen und aus den Seitenkanten des Fußrückens je 10 M herausstricken = 60 M. Nach 11 Rd für die Sohle die ersten 24 M und die letzten 25 M der Rd stilllegen und die restlichen 11 M kraus re weiterstricken, dabei am Ende jeder R die letzte M mit der folgenden stillgelegten M re zusammenstricken, bis noch 11 M übrig sind. Diese im Maschenstich an die Sohle nähen.

Den Anschlagrand in Weiß mit 1 Rd feste M behäkeln. Den Schaft zur Hälfte nach außen schlagen. Je 1 Knopf auf den Fußrücken nähen.

Baby-Garnitur

Schwierigkeit: *
Größe: 3-9 Monate

Materialbedarf:
Mittelstarkes Merino-Baumwoll-Mischgarn (LL ca. 130 m/50 g):
für die Mütze mit Fäustlingen je 50 g Rosa, Lachs, Apricot und Weiß
„Leggero" von Lana Grossa (100 % Mikrofaser, LL = 160 m/50 g):
für den Schal 50 g Weiß 5
Schnellstricknadeln und Nadel-Spiel Nr. 4

Rippenmuster: 1 M re, 1 M li im Wechsel
Kraus re: Hin- und Rück-R re M; in Rd abwechselnd je 1 Rd re und li M
Streifenfolge: 4 R Rosa, *2 R/Rd Weiß, 6 R/Rd Lachs, 2 R/Rd Weiß, 6 R/Rd Apricot, 2 R/Rd Weiß und 6 R/Rd Rosa, ab * wdh
Maschenproben: kraus re mit „Adesso": 24 M und 46 R = 10 x 10 cm; kraus re mit „Leggero": 20 M und 40 R = 10 x 10 cm

So wird es gemacht:
Mütze
120 M in Rosa anschlagen und in R kraus re laut Streifenfolge stricken, dabei zur Formgebung wie folgt arb: 1. R: *Rand-M, 1 M zunehmen (= aus 1 M 1 M re und 1 M re verschränkt herausstricken), 20 M re, 2 x 1 M abnehmen (= je 2 M re verschränkt zusammenstricken), 20 M re, 2 x 1 M zunehmen, 10 M re, 1 x 2 M abnehmen**, von ** bis * wdh; 2. und alle folgenden Rück-R: re M; 3.-22. R: die 1. und 2. R stets wdh; 23. R: *Rand-M, 21 M re, 2 x 1 M abnehmen, 32 M re, 1 x 1 M abnehmen**, von ** bis * wdh; 25. R: *Rand-M, 1 M zunehmen, 19 M re, 2 x 1 M abnehmen, 19 M re, 2 x 1 M zunehmen, 9 M re, 1 x 1 M abnehmen**, von ** bis * wdh; 27. R: *Rand-M, 20 M re, 2 x 1 M abnehmen, 30 M re, 1 x 1 M abnehmen**, von ** bis * wdh; 29. R: *Rand-M, 1 M zunehmen, 18 M re, 2 x 1 M abnehmen, 18 M re, 2 x 1 M zunehmen, 8 M re, 1 x 1 M abnehmen**, von ** bis * wdh; 31. R: *Rand-M, 19 M re, 2 x 1 M abnehmen, 28 M re, 1 x 1 M abnehmen**, von ** bis * wdh; 33. R: *Rand-M, 18 M re, 2 x 1 M abnehmen, 26 M re, 1 x 1 M abnehmen**, von ** bis * wdh; 35.-41. R: entsprechend fortfahren; 42. R: *Rand-M, 13 M re, 2 x 1 M abnehmen, 18 M re**, von ** bis * wdh; 43. R: *Rand-M, 12 M re, 2 x 1 M abnehmen, 15 M re, 1 x 1 M abnehmen**, von ** bis * wdh; 44.-52. R: die 42. und 43. R entsprechend fortsetzen; 53. R: 2 M re zusammenstricken, 1 M re, 6 x 1 M abnehmen, 1 M re, 2 M re zusammenstricken. Restliche 10 M mit dem Faden zusammenziehen. Rückwärtige Naht schließen. Für die Bänder zwei 30 cm lange Kordeln aus allen 4 Farben anfertigen und an die unteren Zacken der Mütze nähen.

Fäustlinge
Für die Fäustlinge je 28 M in Rosa anschlagen (= 7 M pro Nadel) und 5 cm Rippenmuster stricken, dann kraus re gemäß Streifenfolge ab * weiterarb. Nach 30 Rd ab Bund mit der Spitze beginnen, dafür die dritt- und zweitletzte M der 1. und 3. Nadel sowie die 2. und 3. M der 2. und 4. Nadel re zusammenstricken. Diese Abnahmen noch 2 x in jeder 2. Rd, dann 2 x in jeder Rd wdh. Restliche 8 M mit dem Arbeitsfaden zusammenziehen.

Schal
20 M mit „Leggero" anschlagen und in R kraus re stricken. Nach 20 cm die Arbeit in der Mitte teilen und über je 10 M getrennt 3 cm weiterarb, dann wieder über alle M weiterstricken. Nach 66 cm Gesamthöhe alle M abketten.

Für warme Mini-Füßchen

Geringelte Baby-Schühchen in zwei Varianten

Schwierigkeit: *
Größe: 6-9 Monate

Materialbedarf:
„Cool Wool" von Lana Grossa (100 % Merino extrafein, LL = 160 m/50 g): je 50 g Rosa 492, Gelb 411 und Weiß 431
oder je 50 g Hellblau 430, Weiß 431 und Mint 466
Nadel-Spiel Nr. 2,5
Je Paar 2 weiße Herz-Knöpfe

Kraus re: Hin- und Rück-R re M; in Rd abwechselnd je 1 Rd re und li M
Streifenfolge: 4 Rd Gelb/Weiß, 2 Rd Weiß/Mint, 2 Rd Rosa/Hellblau, 2 Rd Weiß/Mint, 4 Rd Gelb/Weiß, weiter in Rosa/Hellblau
Maschenprobe, glatt re:
28 M und 40 R = 10 x 10 cm
Die Angaben für die hellblauen Schühchen stehen nach den Schrägstrichen.

So wird es gemacht:
Für die Fußspitze 6 M in Rosa/Hellblau anschlagen und die Sohle kraus re stricken, dabei beidseitig in jeder 2. R 3 x 1 M zunehmen = 12 M. Nun 34 R gerade arb, dann beidseitig in jeder 2. R 3 x 1 M abnehmen. Zu den restlichen 6 M aus der Sohlenkante 52 M in Rosa/Hellblau herausstricken = 58 M. Noch 1 Rd li M stricken, dann kraus re gemäß Streifenfolge weiterarb, der Rd-Beginn liegt in der Fersenmitte. Bereits nach 12 Rd ab Sohle wie folgt abnehmen: 20 M re, *2 M re zusammenstricken, 2 M re, ab * 3 x wdh, 2 M re zusammenstricken, 20 M re; 1 Rd li M; 20 M re, 2 M re zusammenstricken, 3 M re, 3 M re zusammenstricken, 3 M re, 2 M re zusammenstricken, 20 M re; 1 Rd li M; 18 M re, 2 M re zusammenstricken, 3 M re, 3 M re zusammenstricken, 3 M re, 2 M re zusammenstricken, 18 M re; 1 Rd li M; 16 M re, 2 M re zusammenstricken, 3 M re, 3 M re zusammenstricken, 3 M re, 2 M re zusammenstricken, 16 M re. In der folgenden Rd 15 M li stricken, 11 M abketten und 15 M li stricken. Über die restlichen 30 M kraus re arb, dabei am li Rand für den Riegel 12 M dazu anschlagen = 42 M. Nach 3 R für das Knopfloch am li Rand die 3. und 4. M re zusammenstricken und dafür 1 Umschlag arb.
Nach weiteren 3 R alle M abketten. Knopf annähen.
Das zweite Schühchen gegengleich arb.

Baby-Söckchen

Schwierigkeit: *
Größe: 9-12 Monate

Materialbedarf:
„Cool Wool" von Lana Grossa (100 % Merino extrafein, LL = 160 m/50 g): je 50 g Mint 466 und Gelb 411
Nadel-Spiel Nr. 2,5

Rippenmuster: 1 M re, 1 M li im Wechsel
Glatt re: Hin-R re M, Rück-R li M; in Rd nur re M
Herzmotiv: Nachträglich laut Zählmuster im Maschenstich in Gelb aufsticken (siehe Stickschule auf Seite 60).
Maschenprobe, glatt re:
28 M und 40 R = 10 x 10 cm

So wird es gemacht:
Anschlag je 32 M in Mint (= 8 M pro Nadel) und 8 Rd Rippenmuster stricken, dann glatt re weiterarb. Nach 5 cm ab Bund mit der Ferse beginnen und die Söckchen laut Lehrgang und Größentabelle auf den Seiten 100-102 weiterstricken. Nach 8 cm Fußlänge mit der Bandspitze beginnen.
Außen am Schaft je ein Herzmotiv aufsticken.

TIPP: Raffen statt Rutschen
Verwenden Sie beim Fersenstricken Raffnadeln (= große Sicherheitsnadeln) zum Stilllegen der restlichen Maschen, so können Ihnen keine Maschen von der Nadel rutschen.

Baby-Söckchen
Zählmuster
1 Kästchen = 1 M und 1 R

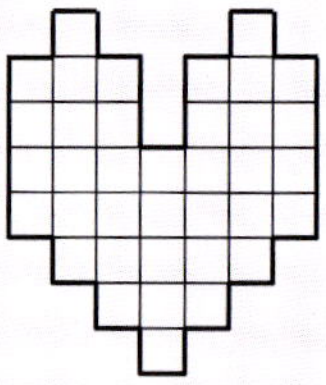

Bärenstarke Kuschelsocken

Braunbär-Socken

Schwierigkeit: **
Größe: 32/33

Materialbedarf:
„Meilenweit" von Lana Grossa (80 % Schurwolle, 20 % Polyamid, LL = 210 m/50 g): je 50 g Marine 1141, Hellblau 1314, Camel 1290, Beige 1301 und Braun 1291
Dickeres Fransengarn (LL = 80 m/50 g): 50 g Sand
Nadel-Spiel Nr. 3

Rippenmuster: 2 M re, 2 M li im Wechsel
Glatt re: Hin-R re M, Rück-R li M; in Rd nur re M
Ringelmuster: glatt re *2 Rd Hellblau, 1 Rd Sand und 3 Rd Marine, ab * wdh
Bärenmotiv: Nachträglich gemäß Zählmuster im Maschenstich aufsticken, dabei die Konturen im Stielstich und die Krallen mit Knötchenstichen arb (siehe Stickschule auf Seite 106/107).
Maschenprobe, glatt re:
28 M und 40 R = 10 x 10 cm

So wird es gemacht:

Anschlag je 52 M in Sand (= 13 M pro Nadel) und für den Bund im Rippenmuster 4 Rd Sand und 7 cm Hellblau stricken. Dann glatt re in Marine weiterarb. Nach 10 cm ab Bund mit der Ferse in Hellblau beginnen und die Socken laut Lehrgang und Größentabelle auf den Seiten 100-102 weiterstricken. Nach der Ferse im Ringelmuster weiterarb und nach 17 cm Fußlänge mit der Bandspitze in Hellblau beginnen.
Außen am Schaft je ein Bärenmotiv mit 6 Rd Abstand zum Bund aufsticken. Den Bund zur Hälfte nach außen schlagen.

TIPP: Maschenstich
Die niedlichen Bärchen werden nachträglich aufgestickt. Für die Flächen kommt dabei der Maschenstich zum Einsatz. Er zeichnet Masche für Masche das Gestrickte nach. So wirken die Motive wie eingestrickt, es gibt aber keine lästigen Spannfäden auf der Innenseite. Unsere Stickschule auf Seite 106/107 zeigt alle Stiche im Überblick.

Eisbär-Socken

Schwierigkeit: **
Größe: 26/27

Materialbedarf:
„Meilenweit" von Lana Grossa (80 % Schurwolle, 20 % Polyamid, LL = 210 m/50 g): je 50 g Hellblau 1314, Natur 1113, Camel 1290, Beige 1301 und Braun 1291
Dickeres Fransengarn (LL = 80 m/50 g): 50 g Sand; Nadel-Spiel Nr. 3

Glatt re: Hin-R re M, Rück-R li M; in Rd nur re M
Streifenfolge: *4 Rd Hellblau, je 1 Rd Braun, Camel und Beige, ab * 4 x wdh, weiter in Hellblau
Bärenmotiv: Nachträglich gemäß Zählmuster im Maschenstich aufsticken, dabei die Konturen im Stielstich und die Krallen mit Knötchenstichen arb (siehe Stickschule auf Seite 106/107).
Maschenprobe, glatt re:
28 M und 40 R = 10 x 10 cm

So wird es gemacht:

Anschlag je 36 M in Sand (= 9 M pro Nadel) und für den Bund 10 cm glatt re stricken. Dann glatt re laut Streifenfolge weiterarb, dabei in der 1. Rd verteilt 12 M zunehmen = 48 M (= 12 M pro Nadel). Nach 30 Rd ab Bund mit der Ferse in Hellblau beginnen und die Socken laut Lehrgang und Größentabelle auf den Seiten 100-102 weiterstricken. Nach der Ferse die Streifenfolge fortsetzen. Nach 13 cm Fußlänge je 1 Rd Braun und Camel stricken, dann mit der Bandspitze in Beige beginnen.
Oben auf den Fuß je ein Bärenmotiv sticken. Den Bund zur Hälfte nach außen schlagen.

TIPP: Stiel- und Knötchenstich
Die Konturen der Bärchen sticken Sie im Stielstich. Dieser Linienstich lässt sich problemlos auf Maschengrund arbeiten und „zeichnet" nicht nur waagerechte und senkrechte, sondern auch gebogene Linien problemlos ins Motiv. Ein paar Knötchenstiche bringen die Krallen der Bären schön plastisch zur Geltung.

Braunbär-Socken
Zählmuster

Eisbär-Socken
Zählmuster

Zeichenerklärung:
1 Kästchen = 1 M und 1 Rd

- = Natur
- = Beige
- = Braun
- = Camel
- = Marine
- = Hellblau

Mit Meister Petz unterwegs: Bärenset

Bären-Kinderset

Schwierigkeit: **
Größe: 4-6 Jahre

Mütze 44-48 cm Kopfumfang

Materialbedarf:
„Bingo" von Lana Grossa (100 % Schurwolle, LL = 80 m/50 g): 200 g Natur 5, 100 g Camel 68 und 50 g Braun 91
Dickeres Fransengarn (LL = 80 m/50 g): 100 g Sand
Nadel-Spiel Nr. 4,5 sowie Häkelnadel Nr. 4,5
Für den Rucksack einen Magnetverschluss

Glatt re: Hin-R re M, Rück-R li M; in Rd nur re M
Glatt li: in Rd nur li M
Kraus re: Hin- und Rück-R re M
Rippenmuster: *1 M re, 2 M li, 1 M re, ab * wdh
Loch-Rd:
1. Rd: *1 einfacher Überzug (= 1 M re abheben, 1 M re, die abgehobene M überziehen), 1 Umschlag, 2 M re zusammenstricken, ab * wdh
2. Rd: *1 M re, aus dem Umschlag 1 M li und 1 M li verschränkt herausstricken, 1 M re, ab * wdh
Falsches Patentmuster:
1. R: Rand-M, *3 M re, 1 M li, ab * wdh, 3 M re, Rand-M
2. R: Rand-M, 1 M re, 1 M li, *3 M re, 1 M li, ab * wdh, 1 M re, Rand-M
Die 1. und 2. R stets wdh.
Strickkordel: 5 M re stricken, *die M an das andere Ende der Nadel zurückschieben, den Faden auf der Rückseite mitführen und 5 M re stricken, ab * wdh. Nach einigen R die Kordel in die Länge ziehen, damit sich die M besser verteilen. Am Ende die M zusammenziehen.
Bärenmotiv: Nachträglich gemäß Zählmuster im Maschenstich aufsticken, den Mund im Stielstich arb (siehe Stickschule auf Seite 106/107). Eventuell mit geteiltem Faden sticken.
Maschenproben: „Bingo" glatt re: 17 M und 24 R = 10 x 10 cm; „Bingo" falsches Patentmuster: 19 M und 24 R = 10 x 10 cm

So wird es gemacht:
Mütze
78 M mit „Amica Lux" anschlagen (=1.+3. Nadel je 19 M, 2.+4. Nadel je 20 M) und für den Umschlag 7 cm glatt li stricken, dann in Natur glatt re weiterarb. Nach 25 cm ab Anschlag stets 3 M überzogen zusammenstricken (= 2 M zusammen re abheben, 1 M re, die abgehobenen M überziehen) = 26 M. Noch 4 Rd gerade weiterarb, dann stets 2 M re zusammenstricken und in der folgenden Rd nochmals 6 x 2 M re zusammenstricken = 7 M. Noch 2,5 cm weiterarb, dann die M mit dem Faden zusammenziehen. Den Umschlag nach außen schlagen und annähen.

Für die Ohrenklappen in Natur aus dem unteren Mützenrand je 17 M auffassen, mit 16 M Abstand in der hinteren Mitte. Die Ohrenklappen glatt re mit beidseitig je 2 M kraus re stricken, dabei 2 x in jeder 4. R und 4 x in jeder 2. R die mittleren 3 M überzogen zusammenstricken. Über die restlichen 5 M eine 12 cm lange Strickkordel arb.
Ein Bärenmotiv in der vorderen Mitte über dem Umschlag aufsticken.

Rucksack
80 M in Camel anschlagen (= 20 M pro Nadel) und glatt re stricken. Nach 23 cm ab Anschlag noch 4 Rd Rippenmuster, 2 Loch-Rd und 4 Rd Rippenmuster arb, dann die M abketten. Den Anschlagrand schließen und beidseitig für die Träger eine Schlaufe aus 12 Lftm anhäkeln und diese mit festen M behäkeln.

Für die Rucksackklappe 44 M in Natur anschlagen (= 11 M pro Nadel) und 24 Rd glatt re stricken, dann die Schrägung arb. Dafür 5 x in jeder 2. Rd jeweils die dritt- und zweitletzte M der 1. und 3. Nadel re zusammenstricken sowie die zweite und dritte M der 2. und 4. Nadel überzogen zusammenstricken. Restliche 24 M gegeneinander legen und im Maschenstich verbinden.

Ein Bärenmotiv mittig auf die Vorderseite der Klappe sticken und ein Magnetteil an der Rückseite befestigen. Den Anschlagrand der Klappe schließen und mittig an die Rucksackoberkante nähen. Den Rand der Klappe mit „Amica Lux" und 2 R feste M behäkeln.

Für die Träger mit „Amica Lux" je 10 M anschlagen und 40 cm Rippenmuster stricken, dann die M abketten. Die Träger oben in der Mitte des Rucksacks annähen und unten durch die Schlingen ziehen und verknoten.

Mit „Amica Lux" 5 M anschlagen, eine ca. 80 cm lange Strickkordel arb und durch die Loch-Rd ziehen. Das 2. Magnetteil am Rucksack befestigen.

Schal
42 M mit „Amica Lux" anschlagen (=1.+3. Nadel je 11 M, 2.+4. Nadel je 10 M) und 7 cm glatt li stricken. Nun in Natur zunächst 22 Rd glatt re arb, dann die M der 1. und 2. Nadel sowie die M der 3. und 4. Nadel jeweils auf eine Nadel legen, beide Nadeln gegeneinander legen und je 1 M beider Nadeln re zusammenstricken = 21 M. Im falschen Patentmuster in R weiterstricken. Nach 100 cm ab Anschlag wieder in Rd arb, dafür jede M verdoppeln und die M auf 4 Nadeln verteilen. Zunächst 22 Rd glatt re in Natur, dann 7 cm glatt li mit „Amica Lux" stricken und die M abketten. Auf die Schalenden je 1 Bärenmotiv sticken.

Bärenset
Zählmuster

Zeichenerklärung:
1 Kästchen = 1 M und 1 Rd

- = Natur
- = Camel
- = Braun

Motive für Kids: lustige Schneemänner

Ringelsocken mit Schneemann

Schwierigkeit:* *
***Größe:* 29/30**

Materialbedarf:
„Meilenweit" von Lana Grossa (80 % Schurwolle, 20 % Polyamid, LL = 210 m/50 g): je 50 g Blau 1293, Hellblau 1314, Weiß 1101, Rot 1284, Gelb 1283, Braun 1291 und Marine 1141
Nadel-Spiel Nr. 3

Glatt re: Hin-R re M, Rück-R li M; in Rd nur re M
Streifenfolge: *4 Rd Blau, 6 Rd Hellblau, ab * wdh
Schneemann: Nachträglich laut Zählmuster 1 im Maschenstich aufsticken, dabei Konturen und Linien mit Steppstichen, Augen mit Knötchenstichen arb (siehe Stickschule auf Seite 106/107).
Maschenprobe, glatt re: 28 M und 40 R = 10 x 10 cm

So wird es gemacht:
Anschlag je 52 M in Gelb (= 13 M pro Nadel), dann für den Saum 12 Rd glatt re und für den Bruch 1 Rd li M stricken. Nun glatt re laut Streifenfolge weiterarb. Nach 40 Rd ab Bruch mit der Ferse in Rot beginnen und die Socken laut Lehrgang und Größentabelle auf den Seiten 100-102 weiterstricken. Nach der Ferse die Streifenfolge fortsetzen und nach 15,5 cm Fußlänge mit der Bandspitze in Gelb beginnen.
Den Schneemann außen auf den Schaft sticken, direkt über der Ferse beginnen. Die re Socke laut Zählmuster, die li Socke gegengleich besticken. Den Saum nach innen legen und annähen.

Kindersocken mit Schneemann

Schwierigkeit:* *
***Größe:* 32/33**

Materialbedarf:
„Meilenweit" von Lana Grossa (80 % Schurwolle, 20 % Polyamid, LL = 210 m/50 g): je 50 g Weiß 1101, Hellblau 1314, Rot 1284, Blau 1293, Gelb 1283 und Marine 1141
Nadel-Spiel Nr. 2,5 und 3

Rippenmuster mit Nadel Nr. 2,5: 2 M re, 2 M li im Wechsel
Die folgenden Muster mit Nadel Nr. 3 stricken!
Glatt re: Hin-R re M, Rück-R li M; in Rd nur re M
Schneemann: Nachträglich laut Zählmuster 2 im Maschenstich aufsticken, dabei Gesicht und Konturen in Marine mit Stepp- und Knötchenstichen arb (siehe Stickschule auf Seite 106/107).
Maschenprobe, glatt re: 28 M und 40 R = 10 x 10 cm

So wird es gemacht:
Anschlag je 56 M in Hellblau (= 14 M pro Nadel) und 3 cm Rippenmuster stricken. Anschließend glatt re arb und nach 32 Rd in Weiß weiterstricken. Nach 42 Rd ab Bund mit der Ferse in Rot beginnen und die Socken laut Lehrgang und Größentabelle auf den Seiten 100-102 weiterarb. Nach der Ferse in Weiß weiterstricken und nach 17 cm Fußlänge mit der Bandspitze in Blau beginnen.
Den Schneemann außen auf den Schaft sticken mit 2 Rd Abstand zum Bund.
Li Socke laut Zählmuster, re Socke gegengleich arb.

Zeichenerklärung:
1 Kästchen = 1 M + 1 R

- = Hellblau
- = Blau
- = Weiß
- = Rot
- = Braun
- = Marine
- = Grün
- = Gelb

Zählmuster 1

Zählmuster 2

Zählmuster 3

Schneemann-Socken in Blau

Schwierigkeit:* *
Größe: 28/29

Materialbedarf:
„Meilenweit" von Lana Grossa (80 % Schurwolle, 20 % Polyamid, LL = 210 m/50 g): je 50 g Blau 1293, Weiß 1101, Rot 1284, Gelb 1283, Grün 1287 und Marine 1141
Nadel-Spiel Nr. 3

Glatt re: Hin-R re M, Rück-R li M; in Rd nur re M
Glatt li: in Rd nur li M
Schneemann: Nachträglich laut Zählmuster 3 im Maschenstich aufsticken, dabei Konturen und Mund mit Steppstichen, Augen mit Knötchenstichen arb (siehe Stickschule auf Seite 106/107).
Maschenprobe, glatt re: 28 M und 40 R = 10 x 10 cm

So wird es gemacht:
Anschlag je 50 M in Weiß (= 1.+3. Nadel je 12 M, 2.+4. Nadel je 13 M) und für den Rollrand 8 Rd glatt li stricken. Dann in Blau glatt re weiterarb. Nach 9 cm ab Rollrand mit der Ferse beginnen und die Socken laut Lehrgang und Größentabelle auf den Seiten 100-102 weiterarb. Die ersten 2 R der Ferse in Gelb, dann in Weiß stricken. Nach der Ferse in Blau weiterarb und nach 14,5 cm Fußlänge 2 Rd in Gelb arb, dann mit der Bandspitze in Weiß beginnen.
Den Schneemann außen auf den Schaft sticken, 3 Rd über der Ferse beginnen. Die re Socke laut Zählmuster, die li Socke gegengleich besticken.

Das 1x1 des Werkzeugs

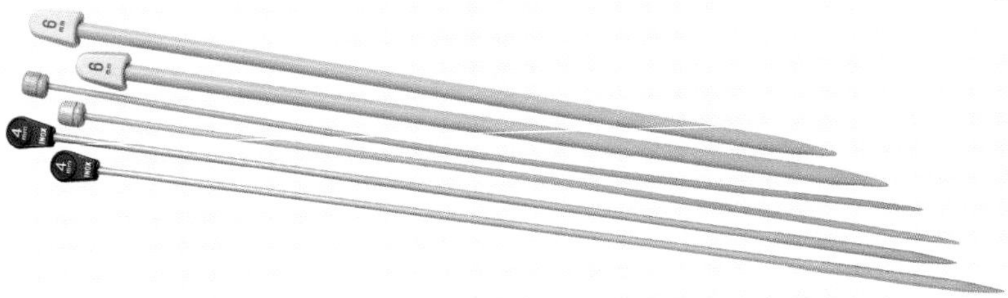

Stricknadeln
Damit wird in Reihen gestrickt. Stopper am Ende verhindern das Herunterrutschen der Maschen. Es gibt Jackenstricknadeln mit gleich starkem Schaft und Schnellstricknadeln, bei denen nach der Spitze in entsprechender Nadelstärke ein dünnerer Schaft folgt, damit die Maschen leichter abzustricken sind. Sie können wählen zwischen Nadeln aus Kunststoff, Metall, Bambus oder Holz.

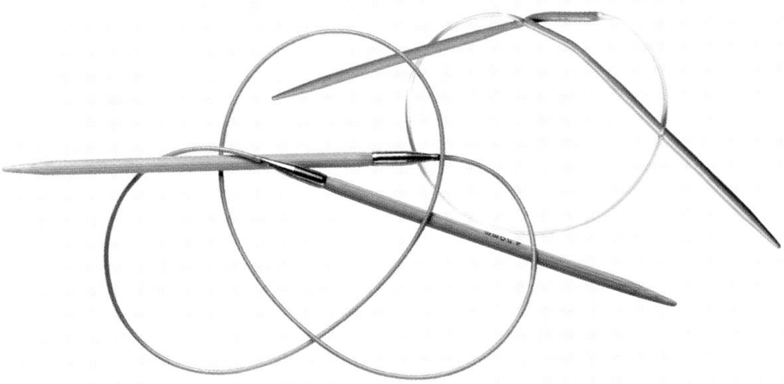

Rundstricknadeln
Damit können Sie in Runden stricken. Starre Nadelenden aus Metall, Kunststoff oder Bambus sind mit einem flexiblen Perlondraht verbunden. Je nach Größe der Strickerei können Sie Nadeln von 40 bis 150 cm Länge kaufen. Übrigens werden Rundstricknadeln auch gern für große Strickteile, die in Reihen gestrickt werden, verwendet. Dann ist die 2. Nadel immer griffbereit.

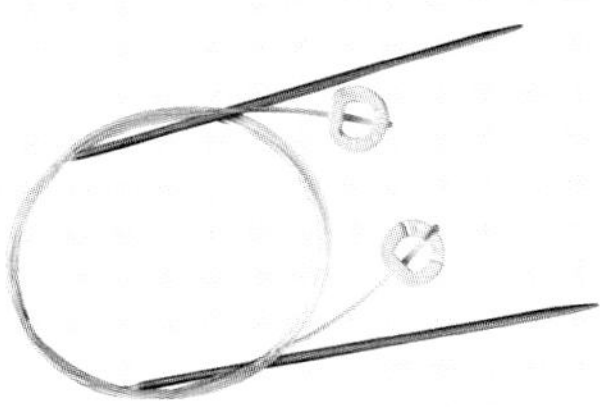

Flex-Stricknadeln
Sie sind besonders geeignet zum Stricken großer Teile. An jedem Nadelende befindet sich eine flexible Verlängerung mit Stopper.

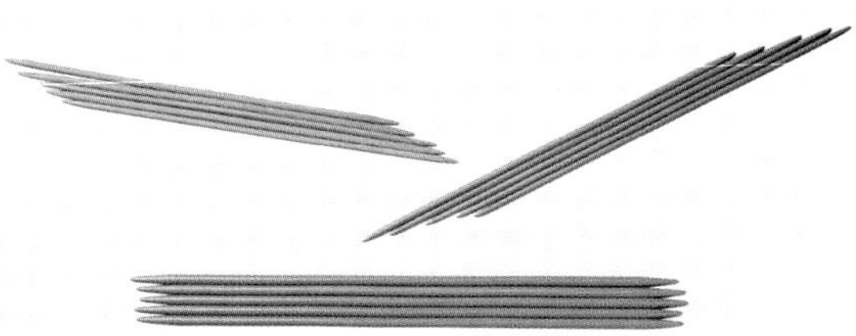

Nadelspiel
Es besteht immer aus fünf Nadeln von 20 oder 15 cm Länge mit Spitzen an beiden Seiten. Für das Stricken von Socken oder Handschuhen sind sie unerlässlich. Es gibt sie aus Metall, Kunststoff oder Bambus.

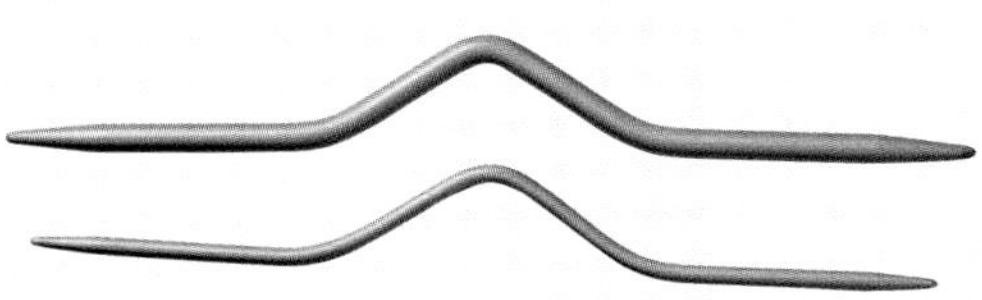

Zopfnadeln
Mit diesen Hilfsnadeln lassen sich breite Zöpfe leichter verkreuzen. Sie haben einen kleinen Bogen in der Mitte, damit die darauf befindlichen Maschen nicht herunter rutschen.

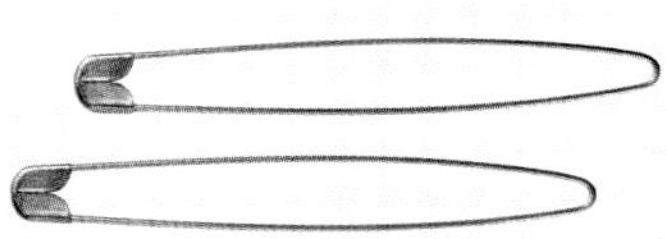

Maschenraffer
Darauf können Sie Maschen ziehen, die für die Strickerei gerade nicht gebraucht werden. Sie funktionieren wie große Sicherheitsnadeln.

Maschenstopper
Aus weichem Gummi, sogar in Bärchenform, sind sie nützlich, wenn Sie Ihre Strickarbeit mal beiseite legen. Die Maschen können dann nicht von den Nadeln rutschen. Auch einen Transport übersteht Ihre Strickarbeit so ohne „Maschensalat". Die nützlichen Helfer sind ebenso schnell entfernt, wenn Sie wieder weiter stricken möchten. Die Maschenstopper sind in verschiedenen Größen im Angebot, fragen Sie im Fachhandel nach.

Wollspulen
Auf diese Garnspulen können Sie kürzere Garnstücke aufwickeln. Besonders bei mehrfarbigen Mustern müssen Sie dann nicht mit den großen Knäueln hantieren.

Strickfingerhut
Er ist nützlich, wenn Sie bei Jacquardmustern mit mehreren Farbfäden in einer Reihe stricken. Der Fingerhut wird auf den linken Zeigefinger gesteckt. Durch die kleinen Ösen können Sie 2 bis 4 Fäden gleichzeitig führen.

Reihenzähler
Sie werden auf die Nadelenden aufgesteckt. Durch das Drehen am kleinen Zählwerk nach jeder Reihe wissen Sie immer, wie weit Sie an Ihrem Strickteil gerade sind.

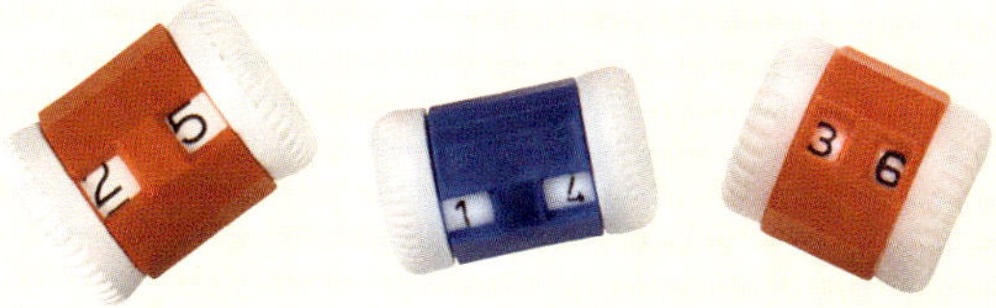

Maschenmarkierer
Diese kleinen Teile können Sie während der Arbeit in Maschen einhängen. Damit können Sie z. B. Mustersätze, Knopflöcher, Rundenübergänge oder andere markante Stellen kennzeichnen.

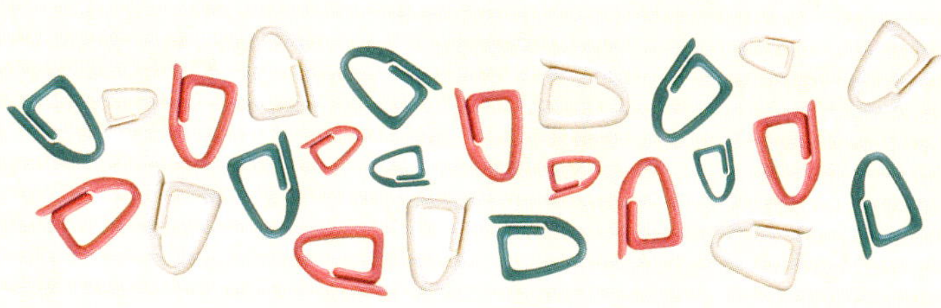

Nadelmaß
Bei Nadeln ohne Stärkenangabe können Sie damit die genaue Nadelstärke ermitteln. An unserem Exemplar ist eine kleine Maßleiste in mm dran und auf der Rückseite lässt sich ein kleines Trennmesser ausschieben.

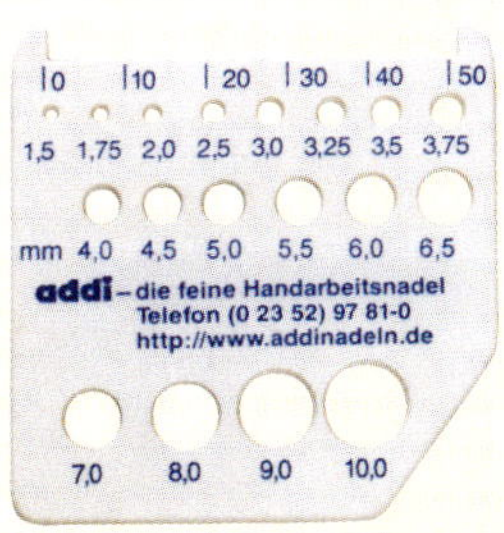

Pflegesymbole

Waschen

Die Zahlen im Bottich nennen die maximale Waschtemperatur, die nicht überschritten werden darf. Ein Balken unter dem Bottich bedeutet: Schonwaschgang wählen. Die Hand im Bottich schreibt Handwäsche vor.
Ein durchgestrichener Bottich heißt: Nicht waschen.

Chloren

Thema Chlorbleiche zur Fleckentfernung oder in gewerblichen Wäschereien: CL (das chemische Zeichen für Chlor) im Dreieck erlaubt die Chlorbleiche, das durchgestrichene Zeichen schließt sie aus.

Chemisch reinigen

Der Kreis zeigt an: Chemische Reinigung erlaubt. Buchstaben im Kreis informieren über die Chemikalien, die verwendet werden dürfen. Sie richten sich also an die Reinigungsfirma. Ein durchgestrichener Kreis bedeutet: Nicht chemisch reinigen.

Bügeln

Die Anzahl der Punkte im Bügeleisen symbolisiert die Temperaturbereiche. ••• = heiß bügeln •• = mäßig heiß bügeln • = nicht heiß bügeln.
Ein durchgestrichenes Bügeleisen bedeutet: Nicht bügeln.

Trocknen

Hier geht es um die Verwendung von Wäschetrocknern (Tumblern). Die Punkte kennzeichnen die Trocknungsstufe.
•• Trocknen mit normaler Temperatur • Trocknen mit geringer Temperatur. Eine durchgestrichene Trockentrommel bedeutet: Trockner nicht einsetzen.

Diese Zeichen finden Sie auf den Garnbanderolen:

Waschen	40 Normalwaschgang	40 Schonwaschgang	30 Schonwaschgang	Handwäsche	Nicht Waschen
Chloren	Keine Chlorbleiche				
Bügeln	Nicht heiß bügeln	Mäßig heiß bügeln	Heiß bügeln	Nicht Bügeln	
Chemisch Reinigen	Keine chem. Reinigung				
Trockner	Reduzierte Temperatur	Normale Temperatur	Nicht im Trockner trocknen		

Aller Anfang: der Maschenanschlag

Einfacher Maschenanschlag

Pro Anschlagmasche rechnen Sie bei dünnem Garn (Nadelstärke 2–4) ca. 1 cm, bei dickerem Garn 1,5 bis 2 cm Faden. Dann 20–30 cm zugeben, damit Sie auch noch die letzte Masche ohne Mühe anschlagen können. Seien Sie bei der Berechnung ruhig großzügig, den Restfaden können Sie beim Zusammennähen verwenden.

1. Die errechnete Fadenlänge abmessen und an dem so ermittelten Punkt für die 1. Masche eine Schlinge bilden. Die Nadel einschieben und fest, aber nicht zu fest anziehen.

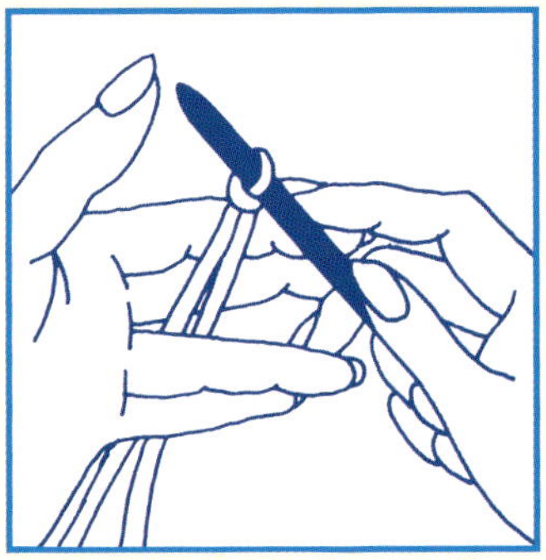

2. Die Nadel mit der rechten Hand halten, die Anschlagfäden zwischen Mittel- und Ringfinger der linken Hand laufen lassen.

3. Mit Daumen und Zeigefinger die beiden Fäden auseinander halten.

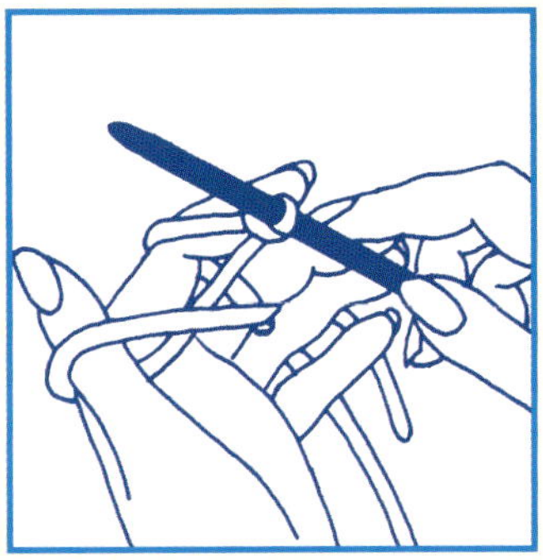

4. Die Nadel nach vorn ziehen (der Handinnenfläche zu); es bildet sich eine Schlinge am Daumen.

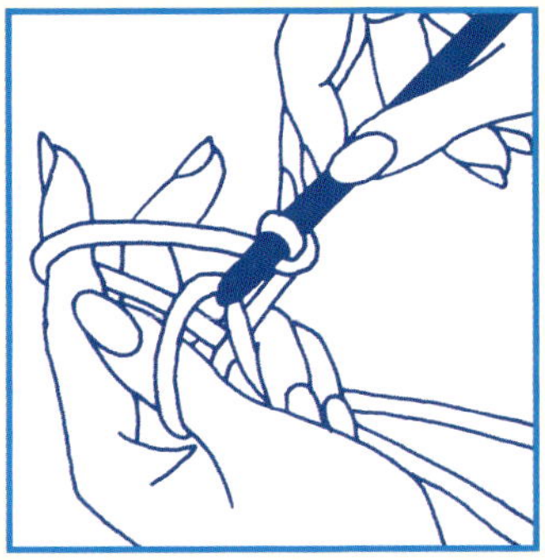

5. Mit der Nadel von unten in diese Schlinge einstechen, den inneren Faden am Zeigefinger holen und durch die Schlinge am Daumen ziehen.

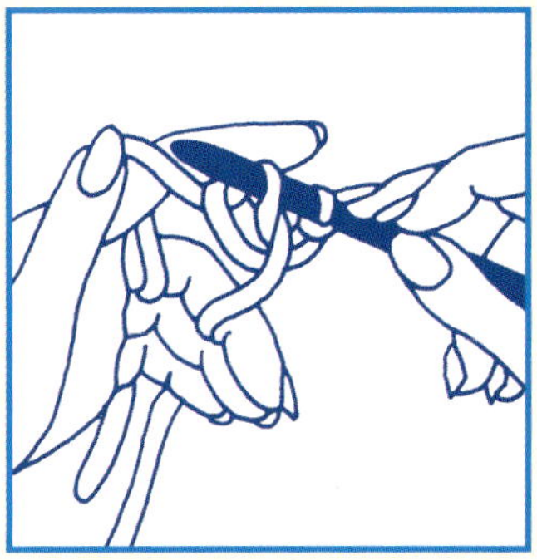

6. Faden loslassen und anziehen. Nun haben Sie zwei Maschen auf der Nadel. Schritt 2 bis 6 stets wiederholen, bis zur gewünschten Maschenzahl.

Kreuzanschlag

Hier arbeiten Sie mit doppeltem Faden. Die Länge des Anschlagfadens errechnen Sie wie beim einfachen Maschenanschlag, der Zusatzfaden muss mindestens doppelt so lang sein wie der geplante Anschlagrand.

1. Zunächst die Anfangsschlinge arbeiten. Dafür die Mitte des Zusatzfadens zusammen mit dem Knäuelfaden fassen und die Anfangsschlinge ausführen. Dadurch bilden sich die ersten 2 Maschen.

2. Danach den vom Knäuel kommenden einfachen Faden normal um den Zeigefinger legen und unter den Fingern durchführen (= Zeigefingerfaden) den (doppelten) Zusatzfaden von außen nach innen um den Daumen führen und mit dem Zeigefingerfaden unter den übrigen Fingern festhalten (= Daumenfaden). Nun die 1. Masche normal anschlagen, d. h. die Nadel von außen nach innen um den Daumenfaden herum führen. Den Zeigefingerfaden durchholen und die Maschen anziehen.

3. Für die nächste Masche den Daumenfaden loslassen und von innen nach außen um den Daumen herum legen. Nun die Nadel unter dem innen liegenden Daumenfaden durchführen. Den Zeigefingerfaden durchholen und die Masche anziehen.

4. Diesen Wechsel stets wiederholen.

5. Nach der Anschlagreihe stets eine Rückreihe linke Maschen stricken.

Grundkurs Sockenstricken

Das Socken-Prinzip

Alle Socken in diesem Buch werden nach einem Prinzip gestrickt, das wir Ihnen hier Schritt für Schritt vorstellen.

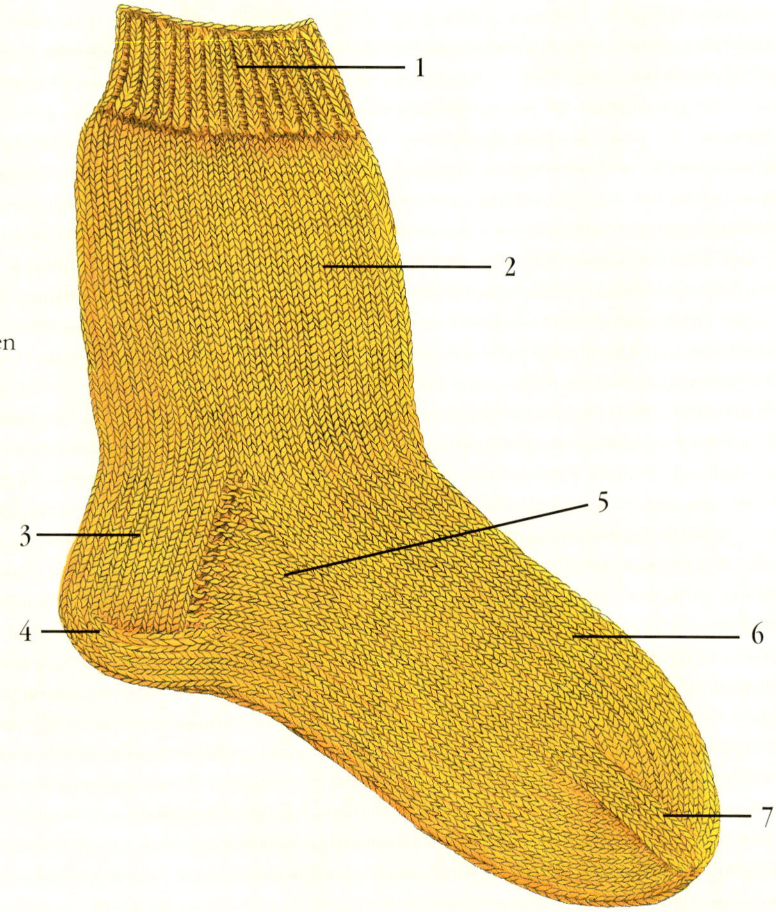

Kleine Socken-Terminologie

1 = Bund oder Bündchen
2 = Schaft
3 = Fersenwand, umschließt die Ferse hinten
4 = Käppchen, sitzt am Fuß unter der Ferse
5 = Zwickel, das ist der Übergang zwischen Ferse und Fuß
6 = Fuß, wird wieder über alle 4 Nadeln gestrickt
7 = Bandspitze – das gute Ende

1. Maschen anschlagen und gleichmäßig auf die 4 Nadeln des Nadelspiels verteilen. Der Anfangsfaden markiert den Rundenübergang, der immer in der rückwärtigen Mitte zwischen der 4. und 1. Nadel liegt. Wie Bund und Schaft gestrickt werden, steht in der jeweiligen Anleitung.

2. Fersenwand: Die Maschen der 1. und 4. Nadel zusammen auf eine Nadel nehmen und in Reihen glatt rechts stricken. Die Maschen der 2. und 3. Nadel sind stillgelegt. In der Größentabelle auf Seite 102 ist angegeben, wie viele Reihen je Größe für die Fersenwand gestrickt werden.

Tipp:
Stricken Sie die beiden äußeren Maschen der Fersenwand kraus rechts, das erleichtert das Zählen der Reihen.

3. Fersenkäppchen: Die Maschen der Fersenwand durch 3 teilen. Über das mittlere Drittel glatt rechts stricken und dabei nach und nach die äußeren Maschen wie folgt mitstricken:
In den Hin-Reihen immer die letzte Masche mit der folgenden Masche des äußeren linken Drittels rechts verschränkt zusammenstricken, wenden und die 1. Masche links abheben.

4. In den Rück-Reihen immer die letzte Masche mit der folgenden Masche des äußeren rechten Drittels links zusammenstricken, wenden und die 1. Masche rechts abheben.

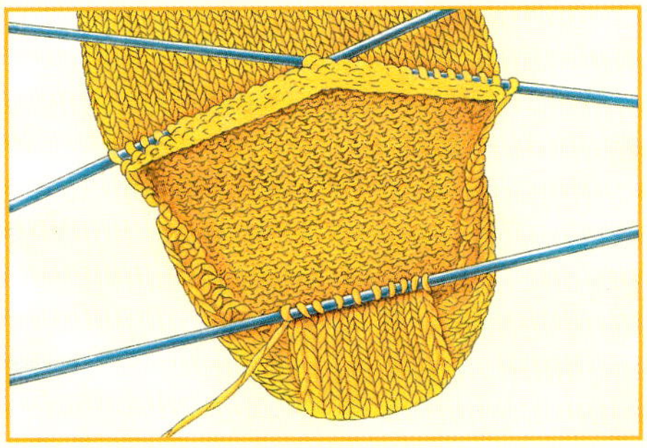

5. Durch das Zusammenstricken entstehen rechts und links vom mittleren Drittel Lücken, und man sieht deutlich, wo die Reihe beginnt und endet. Das Käppchen so weiter stricken, bis alle äußeren Maschen aufgebraucht sind und nur noch die Maschen des mittleren Drittels übrig sind.

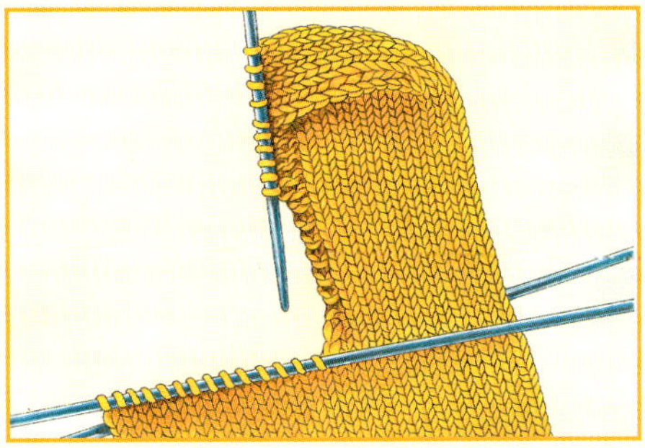

6. In Runden weiterstricken, die Maschen wie folgt auf 4 Nadeln verteilen: Die Käppchenmaschen je zur Hälfte auf die 1. und 4. Nadel nehmen. Mit der 1. Nadel aus dem linken seitlichen Rand der Fersenwand aus jeder 2. Reihe 1 Masche auffassen. Die stillgelegten Maschen der 2. und 3. Nadel wieder mitstricken. Mit der 4. Nadel ausdem rechten seitlichen Rand der Fersenwand aus jeder 2. Reihe 1 Masche auffassen.

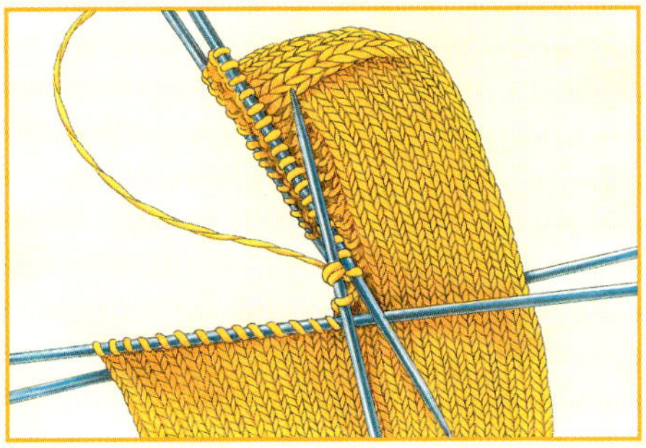

7. Die seitlich aus der Fersenwand aufgenommenen Maschen für den Zwickel wieder abnehmen. Dazu in jeder 2. Runde auf der 1. Nadel die dritt- und zweitletzte Masche rechts zusammenstricken sowie auf der 4. Nadel die zweite Masche rechts abheben, die dritte Masche rechts stricken, dann die abgehobene Masche überziehen. Diese Abnahmen so oft wiederholen, bis auf der 1. und 4. Nadel wieder so viele Maschen sind wie bei Fersenbeginn. Den Fuß wie in der Anleitung beschrieben weiterstricken. Die Fußlänge steht in der Größentabelle auf Seite 58, sie wird jeweils vom Käppchenbeginn bis zum Spitzenbeginn gemessen.

8. Die Bandspitze glatt rechts stricken, dabei wie folgt Maschen abnehmen: Auf der 1. und 3. Nadel jeweils die dritt- und zweitletzte Masche rechts zusammenstricken sowie auf der 2. und 4. Nadel jeweils die zweite Masche rechts abheben, die dritte Masche rechts stricken, dann die abgehobene Masche überziehen. Diese Abnahmen nur in jeder 2. Runde arbeiten und so oft wiederholen, bis nur noch die Hälfte der Maschen vorhanden ist. Dann in jeder Runde auf diese Art abnehmen. Die letzten 8-12 Maschen mit doppeltem Faden fest zusammenziehen oder im Maschenstich zusammennähen.

Socken: So errechnen Sie Ihre Wunschgröße

Größentabellen für Socken

Maschenprobe: 28 Maschen und 40 Reihen/Runden = 10 x 10 cm

Größe	20/21	22/23	24/25	26/27	28/29	30/31	32/33	34/35	36/37	38/39	40/41	42/43	44/45	46/47
Gesamtfußlänge in cm	13,5	14,5	16	17,5	19	20	21,5	23	24,5	25,5	27	28	29	30,5
Maschenanschlag	40	44	48	48	52	52	56	56	60	60	64	64	68	72
Fersenwandbreite in Maschen	20	22	24	24	26	26	28	28	30	30	32	32	34	36
Fersenwandhöhe in Reihen	16	18	20	20	22	22	24	24	26	26	28	28	30	32
Maschenzahl für das Käppchen	6	8	8	8	10	10	10	10	10	10	12	12	12	12
Maschenaufnahme beidseitig	8	9	10	10	11	11	12	12	13	13	14	14	15	16
Fußlänge bis Spitzenbeginn (Gesamtfußlänge minus Spitze)	10	11	12	13,5	15	16	17	18,5	19,5	20,5	21,5	22,5	23	24

Maschenprobe: 22 Maschen und 30 Reihen/Runden = 10 x 10 cm

Größe	20/21	22/23	24/25	26/27	28/29	30/31	32/33	34/35	36/37	38/39	40/41	42/43	44/45	46/47
Gesamtfußlänge in cm	13,5	14,5	16	17,5	19	20	21,5	23	24,5	25,5	27	28	29	30,5
Maschenanschlag	32	32	36	36	40	40	44	44	48	48	52	52	56	56
Fersenwandbreite in Maschen	16	16	18	18	20	20	22	22	24	24	26	26	28	28
Fersenwandhöhe in Reihen	12	12	14	14	16	16	18	18	20	20	22	22	24	24
Maschenzahl für das Käppchen	6	6	6	6	6	6	8	8	8	8	10	10	10	10
Maschenaufnahme beidseitig	6	6	7	7	8	8	9	9	10	10	11	11	12	12
Fußlänge bis Spitzenbeginn (Gesamtfußlänge minus Spitze)	10	11	12,5	14	14,5	15,5	17	18,5	19	20	21,5	22,5	22,5	24

Tipps zum Umrechnen

Gesamtfußlänge

Die richtige Größe errechnen Sie so: Schuhgröße geteilt durch 3 mal 2 = Gesamtfußlänge in Zentimetern über den gesamten Fuß inklusive Zehen gemessen.

Ein Beispiel: 42 : 3 x 2 = 28, d.h. Schuhgröße 42 entspricht einer Gesamtfußlänge von 28 cm.

Größentabelle

In der Größentabelle finden Sie alle Angaben, die Sie benötigen, um Socken in Ihrer gewünschten Größe zu stricken.

Wie viele Maschen Sie anschlagen müssen, wie breit die Fersenwand ist und über wie viele Reihen sie gestrickt wird, die Maschenzahl für das Käppchen, die Maschenaufnahmen, wenn Sie nach der Ferse wieder in Runden stricken, und die Fußlänge vom Käppchenbeginn bis zum Beginn der Spitze.

Schaftlänge

Die Länge des Schaftes wird auf die jeweilige Größe abgestimmt. Wenn Sie also eine größere Größe stricken möchten als in der Anleitung angegeben, müssen Sie mehr Runden vor Fersenbeginn einplanen, stricken Sie eine kleinere Größe, müssen Sie entsprechend einige Runden weglassen. Als Orientierungshilfe messen Sie einfach die Schafthöhe Ihrer Lieblingssocken und stricken das neue Paar entsprechend.

Mustersocken

Wenn Sie Mustersocken stricken, muss die Zahl der Maschen durch die Maschenzahl des Musterrapportes teilbar sein. Passt dies nicht zu Ihrer Wunschgröße, können Sie sich mit folgendem Trick behelfen: Stricken Sie das Muster nur über so viele Maschen, wie durch den Rapport teilbar sind, die Restmaschen so legen, dass sie in der hinteren Mitte liegen und immer glatt rechts stricken. Das Muster wird dann an dieser unauffälligen Stelle von einem Streifen glatt rechts gestrickter Maschen unterbrochen.

Handschuh-Regeln: alles, was Sie wissen müssen

Beim Handschuh bilden die Maschen der 1. und 4. Nadel die Handfläche (Innenhand), die Maschen der 2. und 3. Nadel den Handrücken.
Daumenkeil nennt man die seitliche Erweiterung des Handschuhs, die dafür sorgt, dass der Daumen im Handschuh ausreichend Bewegungsfreiheit bekommt.
Als Steg bezeichnet man jeweils das Zwischenstück zwischen zwei Fingern.

Daumenkeil

Beim rechten Handschuh für den Daumenkeil die 2. Masche der Innenhand mit einem Faden markieren, beim linken Handschuh die zweitletzte Masche der Innenhand markieren.
Beidseitig der markierten Masche nun die Keil-Maschen wie folgt erweitern:
1. + 2. Runde: 1 Umschlag arbeiten und diesen in der folgenden Runde rechts verschränkt abstricken = 3 Keil-Maschen.
3. + 4. Runde: Wieder beidseitig der 3 Keil-Maschen 1 Umschlag arbeiten und rechts verschränkt abstricken = 5 Keil-Maschen.
So fortfahren, das heißt, jeweils beidseitig der Keil-Maschen 1 Umschlag arbeiten und diesen in der folgenden Runde rechts verschränkt abstricken, bis die in der Anleitung genannte Keil Maschenzahl erreicht ist.
Nun die Keil-Maschen stilllegen und dafür 5 Steg-Maschen neu anschlagen und in die Arbeit einfügen. Diese wie folgt wieder abnehmen:
1. Runde: 2 Maschen rechts verschränkt zusammenstricken, 1 Masche rechts, 2 Maschen rechts zusammenstricken
2. Runde: 3 Maschen rechts
3. Runde: 3 Maschen rechts zusammenstricken. Gerade weiterstricken.

Spitze für Fäustlinge

Bis zur Höhe des Ringfingers gerade hoch stricken, dann mit den Abnahmen beginnen. Dafür jeweils die 2. und 3. Masche der 2. und 4. Nadel überzogen zusammenstricken (= 1 Masche rechts abheben, 1 Masche rechts stricken, dann die abgehobene Masche überziehen) sowie die dritt- und zweitletzte Masche der 1. und 3. Nadel rechts zusammen stricken. Diese Abnahmen in jeder 2. Runde wiederholen und schließlich die restlichen 8 Maschen mit doppeltem Faden zusammenziehen.

Finger für Fingerhandschuhe

Bis zur Fingerwurzel des Zeigefingers hoch stricken. Die Maschen gemäß Angaben in der Anleitung aufnehmen und zwischen den Fingern für die Stege je 2 M anschlagen. Die Maschen jeweils auf 3 Nadeln verteilen und in Runden glatt rechts weiterstricken. In gewünschter Fingerhöhe jede 2. und 3. Masche rechts zusammenstricken, noch 1 Runde stricken, dann die restlichen Maschen mit dem Faden zusammenziehen.

Daumen für Fäustlinge und Fingerhandschuhe

Die stillgelegten Keil-Maschen wieder in Arbeit nehmen und aus dem Steg noch 5 Maschen neu herausstricken. Die Maschen auf 3 Nadeln verteilen und in Runden glatt rechts weiterstricken, dabei nach einer Runde die Steg-Maschen wieder abnehmen.
1. Runde: 2 Maschen rechts verschränkt zusammenstricken, 1 Masche rechts, 2 Maschen rechts zusammenstricken
2. Runde: 3 Maschen rechts
3. Runde: 3 Maschen rechts zusammenstricken.
Dann bis zur gewünschten Daumenhöhe in Runden weiterstricken, in den letzten beiden Runden jede 2. und 3. Masche rechts zusammenstricken und die restlichen Maschen mit dem Faden zusammenziehen.

Tipp: Extralanger Schaft

Wir haben bei allen unseren Handschuhen den Schaft extra lang gearbeitet. Das hält den Puls schön warm und verhindert, dass die Winterkälte zwischen Ärmel und Handschuh kriecht. Wenn Sie das nicht mögen: Einfach die Schaftlänge auf ca. 5-7 cm verkürzen.

Grundkurs Handschuhstricken

Das Handschuh-Prinzip

Handschuhe werden in Runden mit einem Nadelspiel gestrickt. Wie das funktioniert, zeigen wir Ihnen hier Schritt für Schritt.

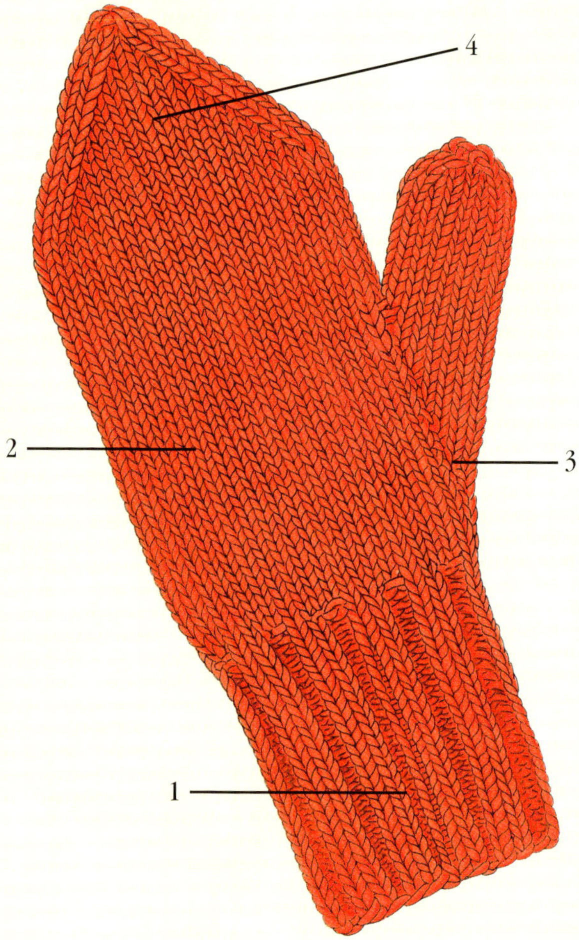

Kleine Handschuh-Terminologie

1 = Bund oder Bündchen

2 = Die Maschen der 1. und 4. Nadel bilden die Handfläche (Innenhand), die Maschen der 2. und 3. Nadel den Handrücken

3 = Daumenkeil nennt man die seitliche Erweiterung des Handschuhs, die dafür sorgt, dass der Daumen im Handschuh ausreichend Bewegungsfreiheit bekommt.

4 = Spitze: Ab Ringfingerhöhe werden beim Fäustling die Maschen abnommen.

Finger für Fingerhandschuhe

Bis zur Fingerwurzel des Zeigefingers hoch stricken oder wie in der Anleitung angegeben. Die Maschen gemäß Angaben in der Anleitung aufnehmen und zwischen den Fingern für die Stege je 2 Maschen anschlagen. Die Maschen jeweils auf 3 Nadeln verteilen und in Runden glatt rechts weiterstricken. In gewünschter oder angegebener Fingerhöhe jede 2. und 3. Masche rechts zusammenstricken, noch 1 Runde stricken, dann die restlichen Maschen mit dem Faden zusammenziehen.

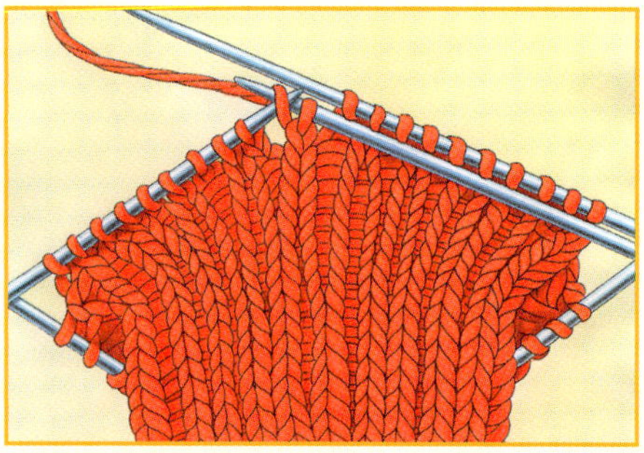

1. Zunächst wie in der Anleitung angegeben das Bündchen stricken. Dann glatt rechts oder wie angegeben weiterstricken. Beim rechten Handschuh nach der 1. Masche der 4. Nadel, beim linken Handschuh vor der letzten M der 1. Nadel 1 Masche rechts verschränkt aus dem Querfaden herausstricken = Keil-Masche.

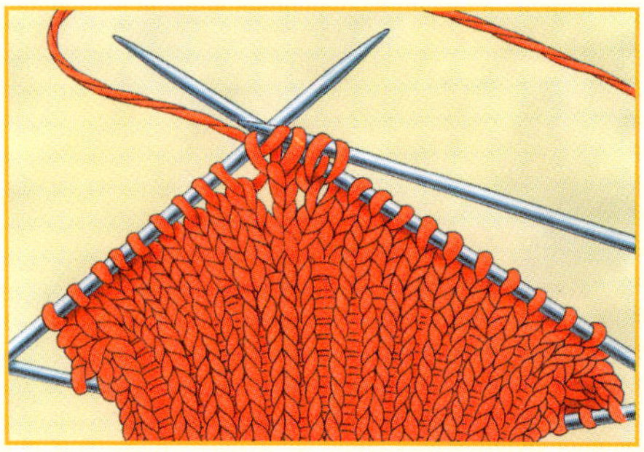

2. In jeder 3. Runde oder wie in der jeweiligen Anleitung beschrieben beidseitig der Keil-Masche 1 Masche zunehmen (je 1 Masche rechts verschränkt aus dem Querfaden herausstricken), bis die erforderliche Keil-Maschenzahl erreicht ist.

3. Noch eine Runde stricken, dann diese Keil-Maschen stilllegen und dafür 4 Steg-Maschen neu anschlagen und in die Arbeit einfügen.

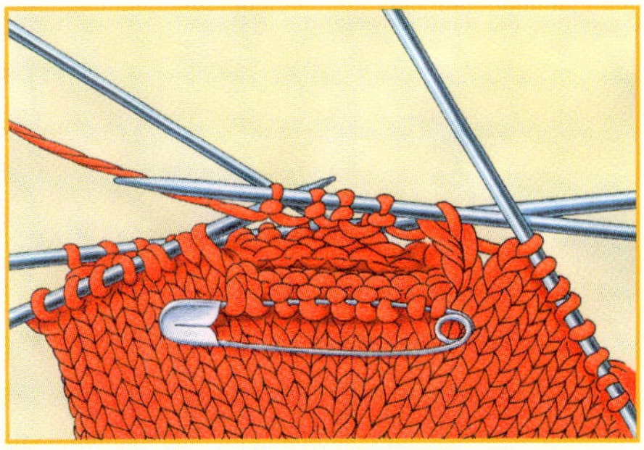

4. In Runden weiterarbeiten, dabei die Steg-Maschen wie folgt abnehmen: 1. Runde: 4 Maschen rechts; 2. Runde: 2 x 2 Maschen rechts zusammenstricken; 3. Runde: 2 M rechts; 4. Runde: die 1. Steg-Masche mit der M davor und die 2. Steg-Masche mit der folgenden Masche jeweils rechts zusammenstricken. Dann ist wieder die ursprüngliche Maschenzahl vorhanden.

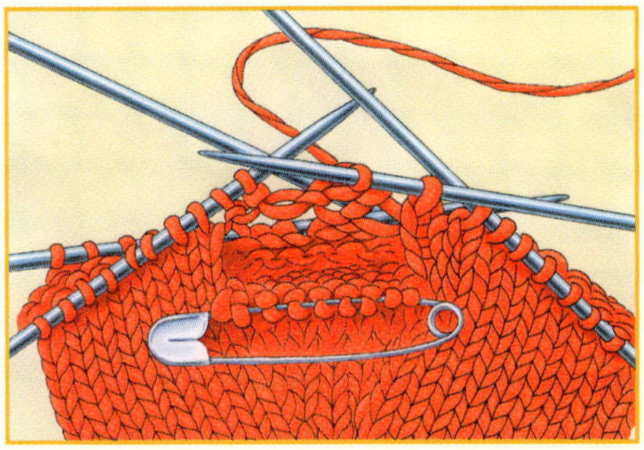

5. ***Spitze für Fäustlinge***
Bis zur Höhe des Ringfingers gerade hoch stricken oder wie in der Anleitung angegeben, dann mit den Abnahmen beginnen. Dafür auf der 2. und 4. Nadel die 2. und 3. Masche rechts verschränkt zusammenstricken.

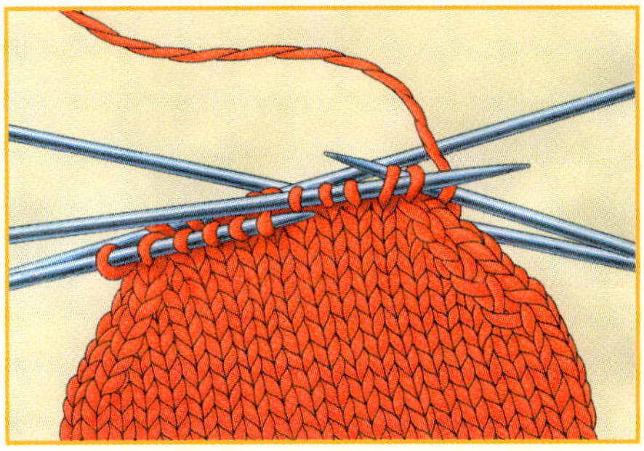

6. Auf der 1. und 3. Nadel die dritt- und zweitletzte Masche rechts zusammenstricken. Diese Abnahmen in jeder 2. Runde oder wie in der jeweiligen Anleitung angegeben wiederholen und schließlich die restlichen 8 Maschen mit doppeltem Faden zusammenziehen.

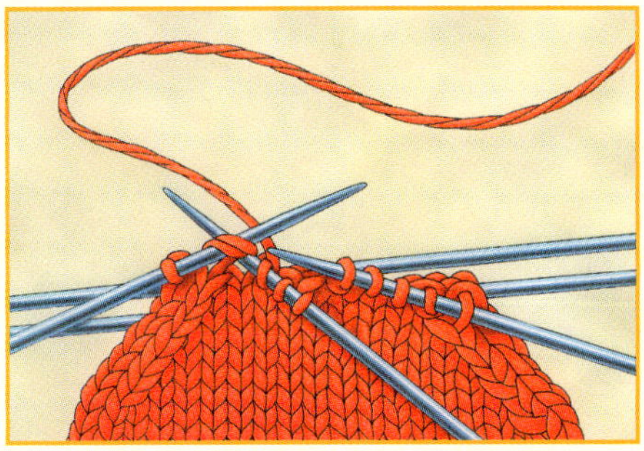

7. ***Daumen für Fäustlinge und Fingerhandschuhe***
Die stillgelegten Keil-Maschen wieder in Arbeit nehmen und aus dem Steg 5 Maschen neu herausstricken. Die Maschen auf 3 Nadeln verteilen und in Runden glatt rechts bis zur gewünschten Daumenhöhe weiterstricken. In den letzten beiden Runden jede 2. und 3. Masche rechts zusammenstricken und restliche Maschen mit dem Faden zusammenziehen.

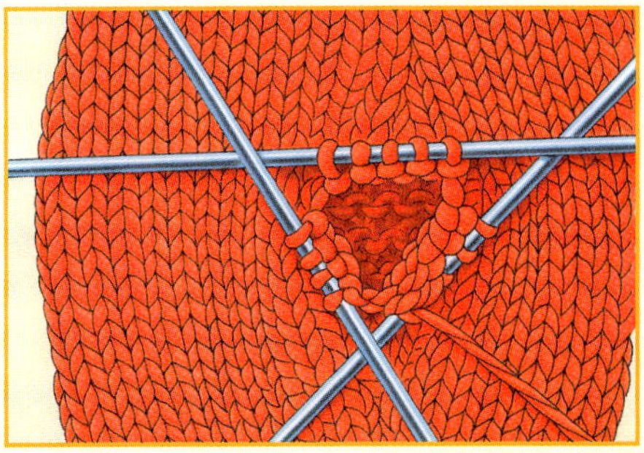

Die Stickschule

Maschenstich

Der Maschenstich zeichnet Masche für Masche das Gestrickte nach. Er ist flächig einsetzbar und eignet sich so zum nachträglichen Aufsticken von Motiven, die dann wie eingestrickt wirken.

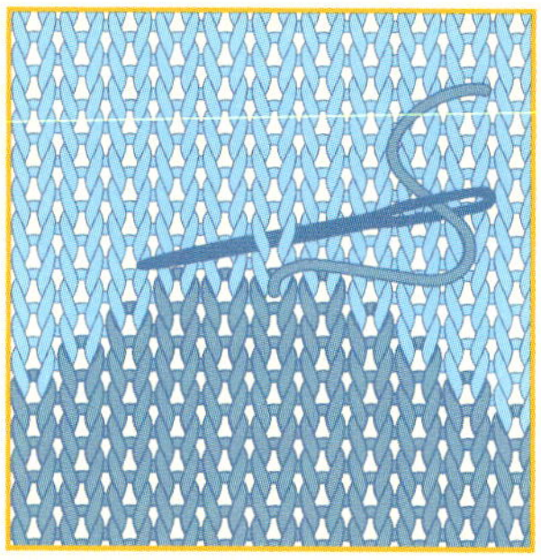

In der Mitte der Masche ausstechen und die Nadel von rechts nach links um die darüber liegende Masche führen.
Den Faden durchziehen und in die Ausstichstelle wieder einstechen.

Steppstich

Im Gegensatz zum Stielstich ist der Stich auf der Rückseite doppelt so lang wie der Stich auf der Vorderseite. Er eignet sich zum Ziehen von Linien oder Konturen auf Maschengrund und betont die einzelnen Maschen stärker als der Stielstich.

1. Der Steppstich wird von rechts nach links gearbeitet. Die einzelnen Stiche erfolgen jedoch jeweils von links nach rechts, wie in der Zeichnung dargestellt. Zurückgestochen wird immer in der doppelten Länge des Stichs auf der Rückseite.

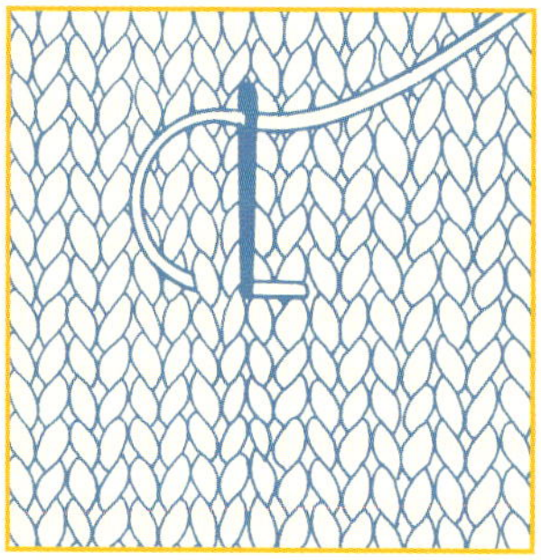

2. Nun wieder auf der Vorderseite einen Stich zur Ausstichstelle des vorhergehenden Stichs zurückarbeiten.

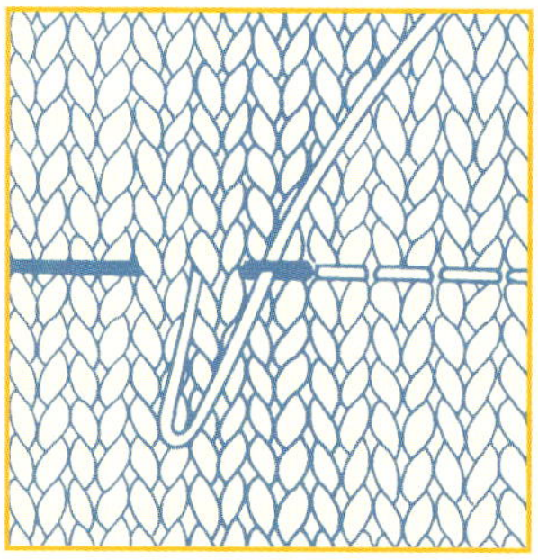

3. Dann wieder über die doppelte Länge zurückstechen. In unserem Beispiel: Vorstich immer über 1 Masche, Rückstich über 2 Maschen.

Kettenstich

Mit dem Kettenstich zeichnen Sie markante Linien auf Maschengrund. Benannt ist er nach seinem Erscheinungsbild, denn er sieht aus wie eine Gliederkette.

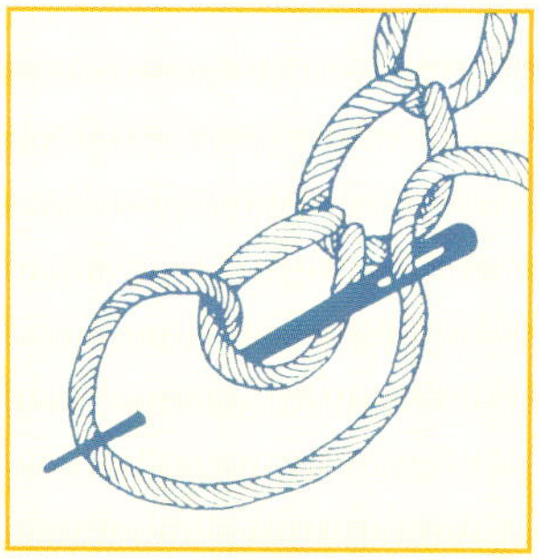

Stechen Sie an der gewünschten Stelle durch. Den Faden zu einer Schlinge legen und innerhalb dieser Schlinge einen Vorstich arbeiten. Beim Durchziehen darauf achten, dass der Arbeitsfaden unter der Nadelspitze liegt.

Stielstich

Der Stielstich ist einer der bekanntesten Linienstiche. Mit ihm lassen sich leicht senkrechte, waagerechte und gebogene Linien aufsticken. Er wirkt ganz besonders plastisch und lässt sich auch problemlos auf Maschengrund arbeiten.

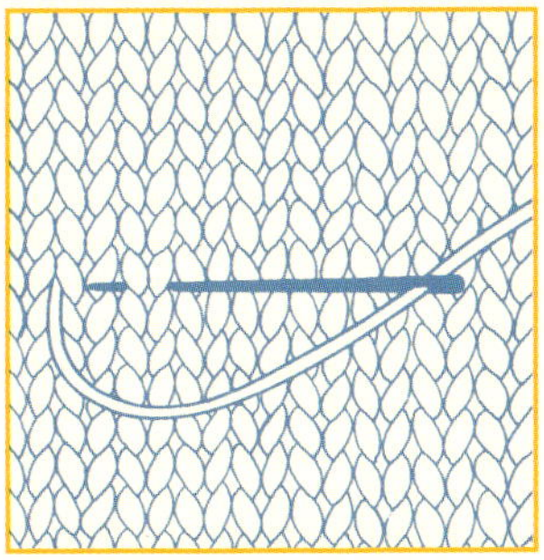

1. Der Stielstich wird immer von links nach rechts gearbeitet. Auf einen geraden Stich auf der Vorderseite folgt ein halb so langer Rückstich. Auf Maschengrund lässt sich das besonders leicht auszählen.

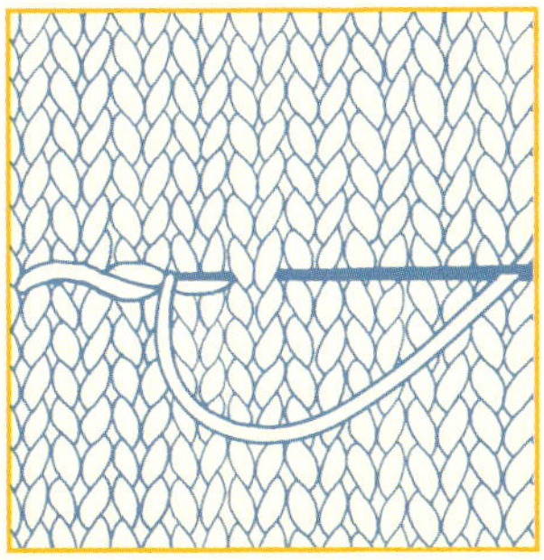

2. Den Faden auf der Vorderseite wieder so lang wie beim ersten Vorstich führen, dann auf der Rückseite abermals über die Hälfte der Länge zurückstechen. In unserem Beispiel: Vorstich immer über 2 Maschen, Rückstich über 1 Masche.

Vorstich

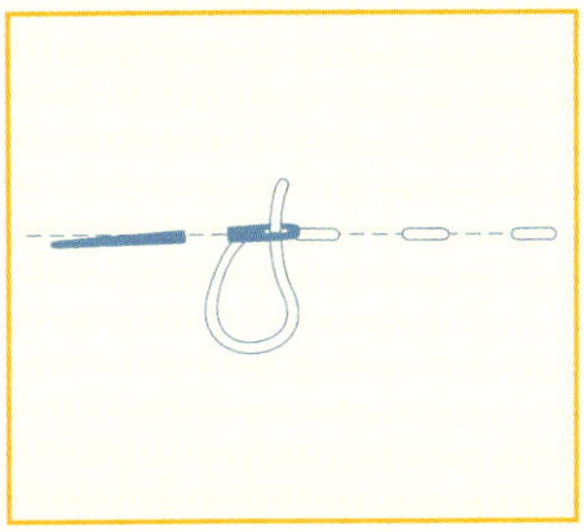

Spannstich

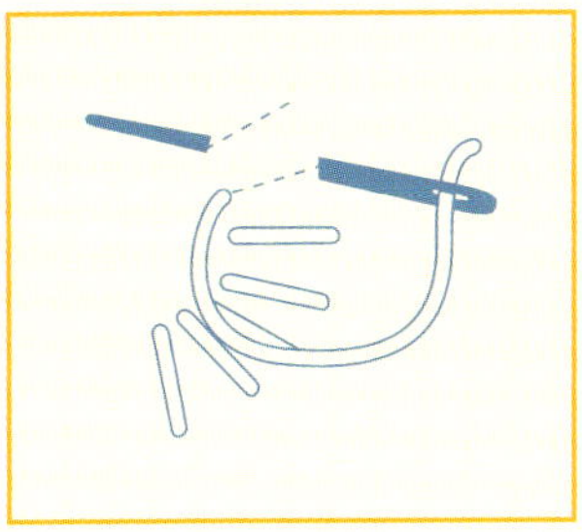

Margeritenstich

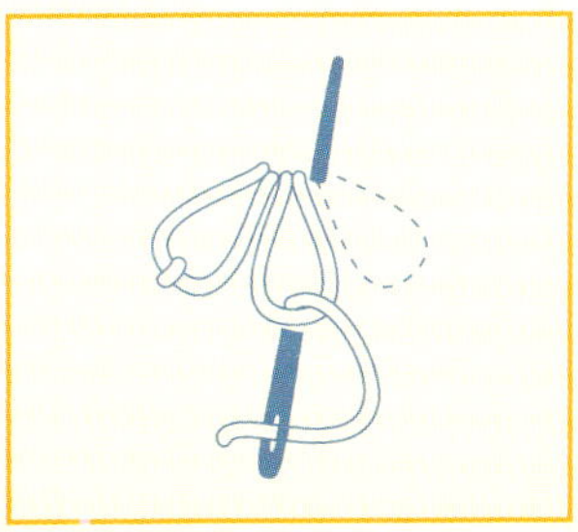

Knötchenstich

Der Knötchenstich gehört zu den geknoteten Zierstichen. Er bildet plastische Punkte z. B. für Augen oder Blütenmitten.

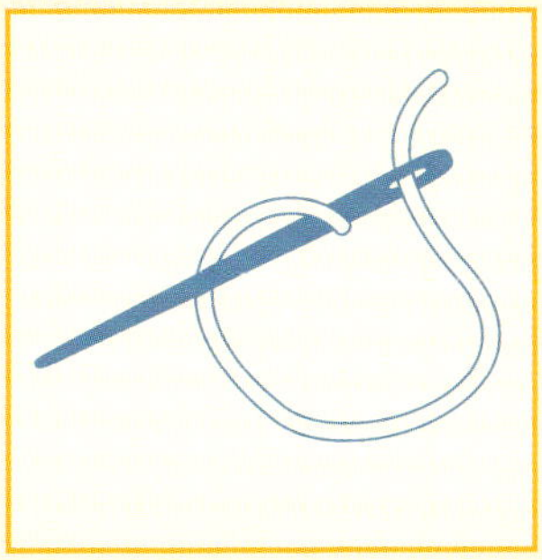

1. An der gewünschten Stelle durchstechen. Den Faden von vorne nach hinten einmal um die Nadel herumlegen.

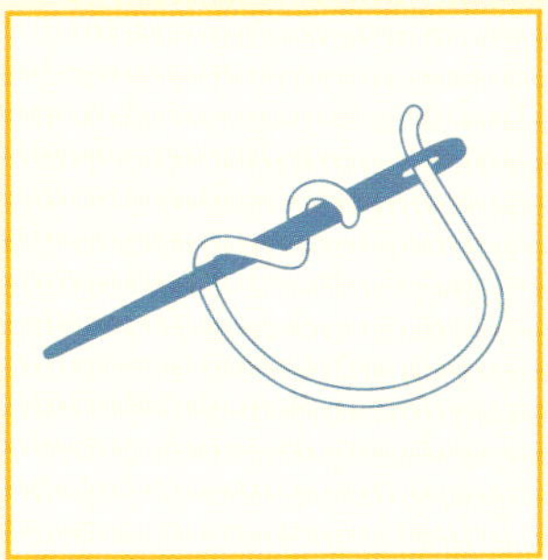

2. Dann ein zweites Mal wickeln, so dass der Faden nun zweimal um die Nadel geschlungen ist. Den Faden mit Daumen und Zeigefinger der linken Hand fassen.

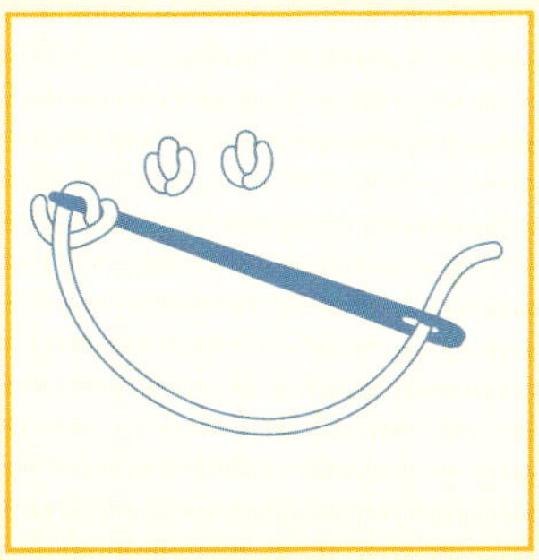

3. Dicht an der Ausstichstelle wieder einstechen und den Faden vorsichtig durchziehen. Die Wicklung dabei dicht an den Maschengrund schieben und dann den Faden straff ziehen. Die entstehenden, erhabenen Knötchen werden größer, wenn Sie den Faden dreimal um die Nadel wickeln.

OZ creativ

Gestalte Deine Welt.

Learning by doing – so macht Lernen und Stricken Freude!
Von Projekt zu Projekt lernen Sie etwas dazu. Alles Schritt für Schritt in Wort und Bild erklärt, von A wie Anschlag bis Z wie Zusammennähen. Am Schluss des Buches angekommen ist jeder ein Profi! Stricken Sie mit! Janne Graf und Brigitte Fischer bringen ihren reichen Erfahrungsschatz als Autorinnen und Handarbeitsredakteurinnen in dieses besondere Strickbuch ein.

€ (D) 12,90 / sFr. 23,50 / € (A) 13,30*
Gebunden, 64 Seiten, durchgehend Farbfotos
ISBN-10: 3-89858-747-9
ISBN-13: 978-3-89858-747-1

Superschick und hochmodern
sind die Stolen, Ponchos, Tücher und XXL-Schals in diesem Buch. Die tollen Strick- und Häkeldesigns von Ethno-Look bis City-Stil sind für Anfänger und Fortgeschrittene bestens geeignet. Ob wirkungsvolle Effektgarne oder wärmende Wollqualitäten, für jeden ist etwas dabei. Die Grundkurse „Häkeln“ und „Stricken“ sowie zweifarbigen Häkelschriften, übersichtliche Strickschriften und Schnittzeichnungen garantieren besten Erfolg.

€ (D) 16,90 / sFr. 29,90 / € (A) 17,40*
Gebunden, 80 Seiten, durchgehend Farbfotos
ISBN-10: 3-89858-861-0
ISBN-13: 978-3-89858-861-4

So macht Socken stricken Spaß!
In diesem Buch ist alles drin, was Sie wissen müssen: Von Informationen über das richtige Garn und Werkzeug über einen bebilderten Grundkurs Sockenstricken bis hin zu Größentabellen und Tipps zum Umrechnen.
Über 125 modische Designs für die ganze Familie. Da findet jeder seine Favoriten für warme Füße und modischen Schick!

€ (D) 12,90 / sFr. 23,50 / € (A) 13,30*
Gebunden, 96 Seiten, durchgehend Farbfotos
ISBN-10: 3-89858-718-5
ISBN-13: 978-3-89858-718-1

Herstellerverzeichnis

Alle Garne:

Lana Grossa GmbH
Ingolstädter Str. 86
D-85080 Gaimersheim
www.lanagrossa.de

Alle Materialien erhältlich in führenden Fachgeschäften in Deutschland, Österreich, Schweiz, Luxemburg, Belgien und den Niederlanden. Adressen in Ihrer Nähe erfahren Sie über das Verzeichnis im Internet.

Impressum

Entwürfe:
Inge Glaser-Engelmeier,
Janne Graf,
Jutta Hinrichs,
Lana Grossa GmbH,
Elisabeth Lindner,
Dorothea Neumann,
Gundula Papperitz-Ossenkopp,
Sabine Ruf,
Heidi Zuschke

Fotos:
Hermann Mareth,
Petra Obermüller,
Uzwei Fotodesign,
Studio Wehinger

Styling:
Kirsten Galle,
Elke Reith,
Almaz Tekeste,
Marliese Vogt

Konzept:
Janne Graf

Redaktion:
Anke Sturm

Anleitungen:
Birgit Gack

Korrektur:
Birgit Gack,
Bärbel Janitz

Lektorat:
Ulrike Bogatz

Materialprüfung:
Maria Böhly-Maier

Lehrgangszeichnungen/
Schaf-Illustrationen:
Werner Schultze

Technische Zeichnungen:
motschkommunikation, Rheinfelden

Umschlaggestaltung:
Christiane Kölble

Layout und Produktion:
buchkonzept@web.de,
Heyde Design, K. Grunert

Druck und Verarbeitung:
J. P. Himmer, Augsburg

ISBN-10: 3-89858-930-7
ISBN-13: 978-3-89858-930-7
(gültig ab 01.01.07)